D1675961

Heinzpeter Hempelmann

Nicht auf der Schrift, sondern unter ihr

Grundsätze und Grundzüge
einer Hermeneutik der Demut

VLM
Verlag der
Liebenzeller Mission
Lahr

Hempelmann, Heinzpeter:
Nicht auf der Schrift, sondern unter ihr : Grundsätze und Grundzüge einer
Hermeneutik der Demut / Heinzpeter Hempelmann. –
Lahr : Verl. der Liebenzeller Mission, 2000
(TELOS-Bücher ; 1385 : TELOS-Paperback
ISBN 3-88002-722-6

Alle Rechte vorbehalten, auch der auszugsweisen Wiedergabe und Fotokopie

© Copyright 2000 by Edition VLM
im Verlag der St.-Johannis-Druckerei, Lahr
Umschlaggestaltung: Grafisches Atelier Arnold, Dettingen
Herstellung: St.-Johannis-Druckerei 77922 Lahr
Printed in Germany

Inhalt

Vorwort 11

I. Einführung 13

a) „Nicht auf der Schrift, sondern unter ihr" 13
b) Markenzeichen „bibeltreu": Was heißt das? 14
   1. „Bibeltreue" – ein missverständlicher Begriff 15
   2. „Bibeltreue Theologie" rückt das *sola scriptura!*
      wieder in den Mittelpunkt 15
   3. „Bibeltreue Theologie" verzichtet auf Kritik, Bevormundung,
      Besserwisserei und jede Zensur biblischer Aussagen 16
   4. „Bibeltreue Theologie" gibt den biblischen Aussagen
      einen Vertrauensvorschuss 17
   5. „Bibeltreue Theologie" fordert, die Texte und ihren
      Anspruch wieder ernst zu nehmen 18
   6. „Bibeltreue Theologie" hält offene Fragen aus
      und vermeidet, diese vorschnell zu entscheiden 18
   7. „Bibeltreue Theologie" geht alle an! 19

c) Aktuelle Entwicklungen 19
   1. Missbrauch des Begriffs „bibeltreu" 19
   2. Bibelkritik ist theologisches Harakiri, –
      theologischer und intellektueller Selbstmord 21
   3. Bibelkritik bedeutet menschliche Bevormundung
      des Wortes Gottes 22
   4. Bibeltreu – durch Gottes Gnade 24
   5. Bibeltreue – keine sichere Position, sondern eine Haltung .. 25

d) Klärungsbedarf 27
   1. Die Liebenzeller Linie: nicht „Maulkorb",
      sondern „Geländer" 28
   2. Gewissheiten werden errungen, nicht vorgefertigt geliefert .. 28
   3. An Bibeltreue lassen wir uns von niemandem überbieten 30
   4. Einleitungswissenschaftliche Fragen sind von
      hoher theologischer Bedeutung 30

II Was ist Bibelkritik? Was ist Bibeltreue? 37

a) *Bibeltreu bzw. bibelkritisch ist nicht eine bestimmte Position,
   sondern eine bestimmte Haltung* 37
   1. Die Vielfalt einander widersprechender
      „bibeltreuer" Positionen 37
   2. Bibeltreue und Bibelkritik entscheidet sich
      an der Bereitschaft, die Bibel sein und sagen zu lassen,
      was sie will 38
   3. Die biblischen Zeugen über einen Leisten schlagen –
      ein Beispiel für Bibelkritik 41

b) *Wir müssen unterscheiden zwischen legitimer und
   theologisch angemessener historischer Arbeit einerseits
   und einer weltanschaulich vorbelasteten ideologisierten
   historischen Kritik andererseits* 43
   1. Die Kritik an *der* „historisch-kritischen Methode"
      trägt nicht 43
   2. Angst vor der historischen Wahrnehmung der Bibel
      kann zu Bibelkritik führen 45
   3. Historische Arbeit an der Bibel ist um der Eigenart
      der Bibel willen nötig 46
   4. Historische Arbeit bewahrt uns vor Bibelkritik 46
   5. *Kritik, Analogie* und *Korrelation*: die Prinzipien
      historisch-kritischer Forschung nach Ernst Troeltsch 48
   6. *Kritik* heißt: Es gibt hinsichtlich der Vergangenheit
      nur Wahrscheinlichkeitsurteile 49
   7. *Analogie* heißt: Ich verstehe ein früheres Ereignis
      nur in Entsprechung zu gegenwärtiger Erfahrung 50
   8. *Korrelation* heißt: Ich verstehe ein Ereignis
      nur in seinem Zusammenhang 51
   9. Unerlaubter Gebrauch des Analogieprinzips:
      Es kann sich früher nur etwas ereignet haben,
      das wir auch aus unserer heutigen Erfahrung kennen 52
   10. Unerlaubter Gebrauch des Korrelationsprinzips:
       Es gibt nur eine in sich geschlossene Wirklichkeit 53
   11. Unerlaubter Gebrauch des Prinzips der Kritik:
       Es kann keine Gewissheit anderer Wirklichkeit geben 54
   12. Erkenntnis Jesu geht nicht an historischer Arbeit vorbei,
       aber geht in ihr nicht auf 57
   13. Die Auferstehung Jesu: (mehr als) eine Tatsache! 58

c) *Wir müssen unterscheiden zwischen einer Sachkritik,
die von außen an die Bibel herangetragen wird und sich
womöglich auf offenbarungsfremde Quellen stützt,
und einer Kritik an einzelnen biblischen Aussagen,
die sich auf andere biblische Aussagen
und die Offenbarung Gottes selbst bezieht* 61
   1. Sachkritik trägt offenbarungsfremde Maßstäbe
an die Bibel heran 61
   2. Offenbarungsbezogene Kritik macht biblisches
Denken oder biblische Aussagen zur Basis
der Rückfrage an bestimmte biblische Texte 62
   3. Mit empfundenen Spannungen leben
und sich durch sie bereichern lassen 63
   4. Viele behauptete Widersprüche haben sich
bei näherem Hinsehen schon aufgelöst 64
   5. Der Kern: Wir verzichten auf jede sachkritische
Aussage, gleich welcher Art 64

d) *Wir müssen unterscheiden zwischen einer liberalen
und einer frommen Bibelkritik* 65
   1. Liberale Bibelkritik geht von weltanschaulichen,
darum wissenschaftlich nicht zu rechtfertigenden
Voraussetzungen aus 65
   2. „Fromme Bibelkritik" wertet unzeitgemäße Aussagen
als zeitbedingt ab oder übergeht sie einfach 66
   3. „Fromme" Bibelkritik liegt auch dann vor,
wenn Christen sich selbst zum Maßstab für das
machen, was in der Bibel weiter gültig ist 67
   4. „Zeitbedingt", „zeitbezogen" und „zeitgemäß"
sind zu unterscheiden 68
   5. „Fromme" Bibelkritik liegt auch dann vor,
wenn Christen biblischen Texten eine Aussage oder
Aussageabsicht unterstellen, die diese nicht besitzen 69
   6. „Gemäßigte Bibelkritik" – der goldene Mittelweg? 71

III Spannungsfelder 74

a) *Bibeltreue, schriftgebundene Theologie muss die
nicht auflösbare Spannung zwischen Glauben und Wissen,
verheißungsorientiertem (promissionalem) und wissen-
schaftlichem Umgang mit der Bibel aushalten* 74
   1. „Die Bibel ist Gottes Wort" – ein dem Menschen
nicht mögliches Urteil 74

2. „Die Bibel ist Gottes Wort" – unser Bekenntnis 77

b) Wenn wir Spannungen oder gar „Widersprüche"
zu beobachten meinen, dann halten wir diese aus
und erwarten, dass sich diese in der Zeit oder
aber in der Ewigkeit klären werden................ 79
1. Wir opfern nicht unsern Verstand................ 79
2. Wir werden gelassen angesichts der vielfachen
   Bewährung der Bibel................ 80
3. Wir arbeiten an der Bibel verheißungsorientiert................ 81
4. Wir überschätzen unseren Verstand nicht................ 82
5. Wir ehren die Bibel und würdigen, wie sie ist
   und wie sie sich uns darbietet................ 82
6. Wir respektieren und ehren die von Gott gewollte
   Niedrigkeitsgestalt des Wortes Gottes................ 83
7. Unsere Probleme mit der Bibel beruhen auf Zumutungen Gottes, an denen wir uns nicht ärgern,
   die wir vielmehr stehen lassen und an denen
   wir uns freuen sollen................ 84
8. Wir verzichten auf alle Formen von „Verbesserung"
   der Bibel................ 85

c) Die Bibel: Gottes Wort als Menschenwort
   und Menschenwort als Gottes Wort................ 86
1. Wir haben die Bibel in der Gestalt, die Gott gefallen hat............ 86
2. Die Bibel macht uns Mühe, weil sie Teil hat
   an der Herunterlassung Gottes................ 90
3. Die Bibel – vollkommen, weil so, wie Gott
   sie gewollt hat................ 93

d) Die Bibel ist ganz Gottes- und ganz Menschenwort................ 94
1. Die Bibel ist ganz Gottes Wort................ 95
2. Die Bibel ist vom Heiligen Geist Menschen
   eingegebenes Wort Gottes................ 95
3. Alle Schrift ist von Gott eingegeben................ 96
4. Man kann in der Bibel nicht zwischen Gottes Wort
   und Menschenwort unterscheiden oder gar trennen............ 98
5. Das Wunder der Inspiration................ 99
6. Die Bibel ist ein „Werk der höchsten Demuth"
   (J. G. Hamann)................ 103
7. Die Bibel ist unfehlbar: vollkommen – so,
   wie Gott sie wollte................ 103

*e) Bibeltreue und d. h. schriftgebundene Theologie verzichtet
auf offenbarungsfremde Kriterien für Wahrheit, Unfehlbarkeit und Perfektheit/Vollkommenheit*................................ 104
Kleiner Exkurs zur Bedeutung und zur Problematik
von Harmonisierungsversuchen 106

*f) Wir müssen ein philosophisch-heidnisches und ein
hebräisch-biblisches Wahrheitsdenken unterscheiden*..... 107
1. Es bleibt eine letzte Differenz zwischen Bibel
und Bibelauslegung 110
2. Postmoderne Hermeneutik nimmt der Bibel
jede Verbindlichkeit 111
3. Eine bibeltreue Hermeneutik ist eine
biblische Hermeneutik 113
   a) Eine bibeltreue Hermeneutik legt die Bibel aus,
   wie die Bibel Bibel auslegt 113
   b) Wir legen die Bibel heilsgeschichtlich aus 114
   c) Wir legen die Bibel im Lebenszusammenhang aus 114

IV Ausblick: Was wir von Christus erwarten....................... 116

Vorwort

„Gesegnet sein heißt ein Wort haben", sagte einer der Väter. Und wer je selber „ein Wort" gebraucht hat, wer je einen Zuspruch nötig hatte, eine Anrede, die wie aus einer anderen Welt kommt, der weiß um dieses Geheimnis. Die Frage ist nur: Wie kommt man an ein solches Wort? Wie kriegt man es? Schlatter sagt einmal:

> „Die Botschaft Jesu eignen wir uns nicht durch eine Denkleistung an, die uns den Stolz verschafft, dass wir die tiefsten Geheimnisse erkannt haben, sondern sie verlangt von uns, dass wir sie hören, und sie gründet unser Leben nicht auf die Ausstattung, die die Natur uns mitgegeben hat, sondern begnadet uns mit dem zu Gott gewendeten Glauben, der uns bereit macht, das zu empfangen, was uns gegeben wird ... Willst du dichten oder willst du hören? Willst du dir ausdenken, was Gott nach deiner Meinung tun soll, oder willst du Gott wirken lassen ...? Das sind zwei verschiedene Wege; der eine schließt den anderen aus."

Die vorliegende Schrift hat Geburtswehen hinter sich. Sie ist aus einer Anfechtung entstanden. Die Liebenzeller Mission, jahrelang gewiss ob ihrer Stellung zur Bibel, sah sich unvermittelt Anfragen gegenüber, ob bei ihr die Bibel noch als Reden Gottes gelesen und gehört wird. Ob wir aus der Feststellung, dass die Bibel menschliche Fingerabdrücke hat, nicht zu viel machen. Ob sich das nicht ausschließt, in ihr ganz Gottes Wort, aber auch ganz menschliche Handschrift erkennen zu wollen?

Diesen Fragen haben sich alle maßgeblichen Gremien unseres Werkes gestellt. Es war, das können viele bezeugen, ein ehrliches Suchen und Prüfen. Die vorliegende Schrift ist die gemeinsame Antwort. Heinzpeter Hempelmann hat seinen grundlegenden Entwurf Zug um Zug konkretisiert und präzisiert. Das Ergebnis hat breiten Konsens erreicht. Dem Verfasser vor allem, aber auch allen, die mit ihm Suchende geblieben sind, ist herzlich zu danken. Sie haben die Anfechtungen ausgehalten. Und sie sind sowohl Suchende als auch

Bittende geblieben, dass Gott über seinem Wort wache – wie auch über uns als solchen „die des Weges sind".

Die Liebenzeller Mission glaubt: verbum Dei manet in aeternum, Gottes Wort bleibt inEwigkeit.

Hanspeter Wolfsberger

I Einführung

a) „Nicht auf der Schrift, sondern unter ihr"

Der bekannte Theologe Adolf Schlatter sollte als Theologieprofessor nach Berlin berufen werden, um dort eine Gegenposition zu der dort herrschenden liberalen Theologie zu vertreten. Im Kultusministerium überprüfte man seine geistliche und theologische Korrektheit. Man wollte wissen, wen man da holte. Minister Goßler fragte ihn: „Stehen sie auf der Schrift?" Schlatter antwortete mit der bezeichnenden und als Anekdote weit verbreiteten Antwort: „Herr Minister, ich stehe *unter* der Schrift!"[1]

> Was heißt das: Hermeneutik der Demut?

Mit dieser Antwort ist viel von dem gesagt, was wir wollen und wie wir uns im Gegenüber zur Heiligen Schrift definieren. Natürlich wollen wir – wie jeder kirchlich ordinierte evangelische Theologe – *„auf (!) dem Boden* von Schrift und Bekenntnis stehen". Aber diese Formulierung geht uns doch nicht weit genug, man könnte auch sagen: Sie ist uns zu selbstbewusst. Sie hat sogar etwas Ungehöriges an sich. Man steht nicht auf der Schrift; man hat die Frage, ob man eine schriftgebundene und vor ihr verantwortete oder wie es heute heißt: „bibeltreue" Theologie vertritt, nicht einfach ein für alle Mal hinter sich. Man hat Gott und seinem Wort gegenüber als Mensch ohnehin keinen festen Standpunkt inne. Wenn man überhaupt eine Ortsbestimmung vornimmt, dann kann das nur eine der *Demut* sein: nicht auf der Schrift wollen wir stehen, sondern unter ihr: Unseres Erachtens ist das auch die reformatorisch allein legitime Bestimmung. „... die heilige Schrift will gehandelt sein mit Ehrfurcht und Demut und will mehr ergründet werden mit andäch-

---

[1] Adolf Schlatter: Rückblick auf meine Lebensarbeit, 2. Aufl. Stuttgart 1977, 132.

tigem Gebet als mit scharfer Vernunft!" (Martin Luther)² Eine solche Hermeneutik der Demut, die sich nicht ihrer selbst sicher, aber wohl der Gnade Gottes gewiss ist, ist darum doch wohl auch konsensfähig. Sie markiert – wie ich zuversichtlich hoffe – eben nicht nur einen evangelikalen, sondern einen – mindestens dem Anspruch nach – allgemein evangelischen Standpunkt. Wir haben es ja nicht einfach im Griff, dass unsere Theologie an den biblischen Schriften Maß nimmt. Wir sind darauf angewiesen, dass der lebendige Gott selbst uns noch ständig hörfähig hält – eben *unter* der Schrift. Diese Haltung hält am Quellort aller aufbrechenden und erwecklichen Theologie.

b) Markenzeichen „bibeltreu"³: Was heißt das?

> Was verstehen wir unter „bibeltreu"?

Man hat sich im evangelikalen Raum angewöhnt, von bibeltreuer Theologie zu reden, und auch wir gebrauchen diesen Begriff. Diese Bezeichnung ist zwar belastet⁴. Aber sie markiert so wichtige Anliegen und sie hat sich so sehr eingebürgert, dass ich meine, wir sollten nicht auf dieses Wort verzichten, vielmehr neu und immer wieder deutlich machen, was es für uns bedeutet. Darum liegt mir an einigen einführenden Klarstellungen.⁵

---

² Die Zehn Gebote der Wittenberger Gemeinde gepredigt 1516/1517, 1518, zit. n. H. Hempelmann: Grundfragen der Schriftauslegung. Ein Arbeitsbuch mit Texten von Martin Luther ..., 2. Aufl. Wuppertal/Liebenzell 1998, 19.
³ Vgl. die gleichnamige, hilfreiche Schrift von Gerhard Hörster: Die Bibel richtig verstehen, auslegen, anwenden, Gießen/Basel/Witten 1990.
⁴ S. S. 19.
⁵ Die nachfolgenden Überlegungen finden sich in „Vorfahrt für die Bibel", in: Durchblick und Dienst. Zeitschrift des Liebenzeller Gemeinschaftsverbandes April 2000, 14 f.

1. „Bibeltreue" – ein missverständlicher Begriff

Der Begriff „bibeltreu" steht für den Anspruch einer Theologie, die bewusst nicht „bibelkritisch" ist oder besser: sein *möchte*. Die Ausdrücke „bibeltreu" und „bibelkritisch" eignen sich freilich schlecht, um Positionen zu bestimmen oder gegeneinander abzugrenzen. Denn welcher Theologe und Christ wird nicht beanspruchen, der „Bibel treu" zu sein, sich also an ihr zu orientieren? Und umgekehrt: Wer könnte denn von sich behaupten, dass er nicht durch sein Denken und Leben „Kritik an der Bibel" übt, etwa, indem er etwas in sie hineinlegt, was sie gar nicht sagen will? Vielfach klingt der Begriff „bibeltreu" sogar selbstgerecht und abgrenzend. So schwierig der Begriff ist, so zentral ist aber das Sachanliegen, für das er steht und das für jede evangelische Theologie unverzichtbar, ja fundamental ist.

> Warum ist der Begriff „bibeltreu" nicht unproblematisch?

2. „Bibeltreue Theologie" rückt das *sola scriptura!* wieder in den Mittelpunkt

„Allein die (Heilige) Schrift!" – das war der Weckruf, mit dem Martin Luther die christliche Theologie zu der allein verlässlichen und darum allein maßgebenden Quelle zurückgerufen hat. Im Anschluss an diese reformatorische Grundeinsicht behauptet „bibeltreue Theologie", dass christlicher Glaube davon lebt und sich dadurch auszeichnet, dass er dieser Erkenntnisquelle über Gott, Mensch und Welt absoluten *Vorrang* vor allen anderen Erkenntnisquellen einräumt, seien es Weltanschauungen, Philosophien, Offenbarungsansprüche anderer Religionen oder selbst die scheinbar so unerschütterlichen, in Wahrheit oft überholten und ihrem Wesen nach überholbaren wissenschaftlichen Erkenntnisse. Dieses Programm wirkt sich aus in einem bestimmten Umgang mit der Heiligen Schrift:

> Warum wir „bibeltreue" Theologie für unverzichtbar halten?

> Steht die Bibel über anderen Erkenntnisquellen und Autoritäten?

> Stellen wir unser Denken über die Heilige Schrift?

3. „Bibeltreue Theologie" verzichtet auf Kritik, Bevormundung, Besserwisserei und jede Zensur biblischer Aussagen

Wenn wir damit rechnen, dass hier wirklich Gott zu Wort kommt, dass wir hier wirklich mit dem Reden und Handeln des lebendigen Gottes konfrontiert werden, dann müssen wir ja gerade damit rechnen, hier auf etwas zu treffen, was alle unsere Denkschablonen und Überzeugungen infrage stellt. Dann dürfen wir darum uns und unser Denken gerade nicht zum Maßstab für die Wahrheit der Bibel machen. Wer die Bibel am Kriterium dessen misst, was er für richtig hält, wer behauptet: Wunder, vor allem die Auferstehung Jesu *kann* es nicht geben; eine geschichtliche Selbstoffenbarung Gottes ist nicht möglich oder gar denkbar; Gott ist prinzipiell unerkennbar, der bringt sich darum um das Entscheidende: um das, was seinen Horizont sprengt, sein Denken und Erkennen erweitern und sein Handeln verändern kann.

> Gibt es bloß „zeitbedingte" Aussagen in der Bibel, die heute nicht mehr gelten?

Wer bestimmte Aussagen der Heiligen Schrift für ungültig oder nicht mehr gültig („zeitbedingt") hält, der muss sich nicht nur fragen lassen, ob er damit nicht recht unbescheiden einen absoluten Maßstab, eine Art Gottesstandpunkt für sich beansprucht, der es ihm erlaubt, sogar in der Bibel zwischen gültig und nicht gültig zu unterscheiden; der muss sich auch fragen lassen, wo eine solche Auswahl anfängt und wo sie aufhört. Kann man so nicht – je nach Geschmack – alles ausscheiden, was einem nicht passt – bis hin zum Kreuz Jesu?

„Bibeltreue Theologie" unterscheidet zwischen zeitbedingt und zeitbezogen. Gottes Wort ergeht immer in eine bestimmte Zeit hinein und ist darum zeitbezogen zu lesen; aber das, was in dieser Situation als Wesen und Willen Gottes deutlich wird, gilt doch nicht nur für diese Zeit, ist insofern doch nicht bloß zeitbedingt. Gerade wenn man eine biblische Aussage historisch einordnet und versteht, wird man darum auf eine Willenskundgabe Gottes treffen, die doch nicht nur für jene vergangene Zeit gültig ist.

4. „Bibeltreue Theologie" gibt den biblischen Aussagen einen Vertrauensvorschuss

Sie begegnet – entgegen weitgehender exegetischer Praxis an deutschen theologischen Fakultäten, aber in Übereinstimmung mit allgemeiner wissenschaftlicher Methodik – den historischen Aussagen des Alten und Neuen Testamentes, indem sie ihnen einen *Vertrauensvorschuss* gibt. Sie verhält sich nicht unkritisch, sondern fordert im Gegenteil eine kritischere, d. h. noch präziser wahrnehmende, auch selbstkritische Einstellung im Umgang mit der Heiligen Schrift. Wenn heute an theologischen Fakultäten vielfach vertreten wird, über die Geschichte Israels bis zum babylonischen Exil könne man eigentlich wenig Verlässliches wissen, Mose sei mehr oder weniger eine mythologische Figur, Jesus habe sich nicht als Messias verstanden, das Urchristentum habe ihn erst zum Gott gemacht, von seiner Auferstehung in Raum und Zeit könne man nicht sprechen und auch die Apostelgeschichte stimme weithin nicht, dann werden diese desaströsen Ergebnisse von Profanhistorikern als absurd und unwissenschaftlich verworfen.

| Wie stehen wir zu den Spitzenthesen liberaler historischer Bibelforschung? |

„Bibeltreue Theologie" setzt sich für eine Überprüfung dieses Gesamtbildes biblischer Geschichte und Theologie ein, weil sie glaubt, dass wir hier vor der Wahrheitsfrage stehen und auf sie eine ehrliche Antwort finden müssen. Wenn Jesus tatsächlich nicht in Raum und Zeit auferstanden ist, sollten wir konsequent sein und dem christlichen Glauben den Abschied geben.

| Wie gehen wir mit offenen Fragen um? |

5. „Bibeltreue Theologie" fordert, die Texte und ihren Anspruch wieder ernst zu nehmen.

Wo es zu Befunden kommt, die nicht zusammenzupassen scheinen, verzichtet „bibeltreue Theologie" auf das vorschnelle Urteil, es lägen theologische Widersprüche, historische Fehler oder gar unterschiedliche Theologien, Gottesbilder vor.
Viele angebliche, z. T. sehr schwerwiegende Widersprüche und Fehler haben sich bei näherem Hinsehen in Wohlgefallen aufgelöst. Ein Beispiel: Die alte Behauptung, dass Matthäus, Markus und Lukas einerseits und Johannes andererseits eine völlig unterschiedliche Datierung des Todestages Jesu vornehmen, lässt sich nicht mehr halten, seit wir davon ausgehen müssen, dass sich das Johannesevangelium naheliegenderweise am essenischen Kalender orientiert.

> Gibt es unterschiedliche „Theologien" im Alten und Neuen Testament?

6. „Bibeltreue Theologie" hält offene Fragen aus und vermeidet, diese vorschnell zu entscheiden

Sie rechnet mit der Begrenztheit und Fehlerhaftigkeit allen menschlichen Erkennens, auch aller wissenschaftlichen Erkenntnisprozesse. Sie rechnet ferner damit, dass hinter den in der Tat sehr unterschiedlichen Gotteszeugnissen der Bibel ein gemeinsamer, allen vorgegebener Bezugspunkt: Gott selber, steht. Sie sucht die verschiedenen, z. T. gegensätzlichen Aussagelinien nicht in eine Vielzahl unterschiedlichster „Theologien" ohne gemeinsamen Bezugspunkt auseinanderfallen zu lassen, sondern unterstellt zunächst einmal, dass derselbe Gott – wenn auch auf sehr verschiedene Weise – erfahren worden ist.

So ist es – beispielsweise – sehr die Frage, ob sich Paulus und Jakobus hinsichtlich der Einschätzung von Glauben und Werken wirklich fundamental unterscheiden, oder ob nicht Jakobus auf ein

Missverständnis paulinischer Theologie reagiert, mit dem Paulus selbst auch schon zu kämpfen hatte. So ist es weiter sehr die Frage, ob man den Gott des Alten Testamentes (incl. sog. heiliger Kriege und Rachepsalmen) wirklich gegen den neutestamentlichen Gott der Liebe ausspielen kann und ob nicht im Gesamtzusammenhang biblischer Zeugnisse Gottes Liebe und Gottes Heiligkeit als eine letzte Einheit begriffen werden müssen. Oft behaupten wir Widersprüche nur darum, weil wir noch nicht tief genug verstanden haben. Oft bestehen Gegensätze auch nur für unser, aber nicht für biblisches Denken.

Wer darum meint, sich für einen Strang biblischer Überlieferung entscheiden und den anderen verwerfen zu müssen, der wird erklären müssen, inwiefern sein Urteil nicht willkürlich ist, welchen Kriterien es sich verdankt und ob nicht vorschnell Gegensätze behauptet und konstruiert werden, wo es gilt, eine letzte Einheit in den Blick zu nehmen.

> Darf man eine Aussage in der Bibel gegen eine andere ausspielen?

7. „Bibeltreue Theologie" geht alle an!

In Summa: „Bibeltreue Theologie" ist kein Sonderpfündlein von Pietisten und keine Position allein der Evangelikalen, sondern ein Programm zur Erneuerung der ganzen Theologie und Kirche. Sie ist auch keine Haltung, die irgendwelche Gruppen gepachtet hätten, sondern ein Auftrag, der allen Christen gilt und an den wir uns gegenseitig erinnern und binden wollen.

> Ist „bibeltreue Theologie" nur ein Anliegen von Pietisten und Evangelikalen?

c) Aktuelle Entwicklungen

1. Missbrauch des Begriffs „bibeltreu"

Das Theologische Seminar der Liebenzeller Mission und die Liebenzeller Mission (LM) insgesamt ist *bibeltreu*. Die Heilige Schrift ist für uns die letzte

> Steht das ThSLM zum Erbe der Väter?

> Wie stehen wir zur Konferenz bibeltreuer Ausbildungsstätten?

oberste Autorität in allen Fragen von Lehre und Leben. Die Glaubensgrundsätze der LM von 1934 gelten nach wie vor genauso wie die theologische Grundlegung, die sich die Mission 1979 gegeben hat.[6] Das Liebenzeller Werk hält sich natürlich auch weiterhin unverändert zur Konferenz bibeltreuer Ausbildungsstätten (KBA). Gerade dort gibt es aber in den letzten Jahren eine lebhafte Debatte über eine Umbenennung. So positiv die Zielsetzung ist, die mit dem Wort „bibeltreu" verbunden ist,[7] so problematisch ist doch der Gebrauch, der inzwischen an vielen Orten von ihm gemacht wird. Der Begriff lädt ja geradezu dazu ein, ihn sehr selbstbewusst, ja selbstsicher zu gebrauchen („*wir* sind bibeltreu") und damit andere auszugrenzen („*die* dagegen nicht"). Solange die Scheidung argumentativ begründet wird und gegenüber einer Theologie ge-

---

[6] Vgl. den CTL-Studienführer 1999–2001, Marburg/Chrischona/Liebenzell 2000, 14. – Um allen Missverständnissen vorzubeugen, weise ich darauf hin, dass wir dort die Glaubensgrundlage nicht zitiert, sondern aufgenommen haben. Der Hinweis darauf, dass die Bibel Gotteswort und Menschenwort ist, kann im Ernst kein Beleg für eine Aufweichung der „bibeltreuen" Haltung der LM sein. Wer so etwas unterstellt, übersieht nicht nur den eindeutigen Zusammenhang der Aussagen, sondern muss sich auch fragen lassen, wie er denn der Irrlehre eines skriptologischen Doketismus entgehen will: Ist die Bibel denn tatsächlich „vom Himmel gefallen", ähnlich wie der Koran oder das Buch Mormon? Der Vergleich mit der Zweinaturenlehre in der Christologie hilft vielleicht noch am ehesten: Beeinträchtigt es denn die Würde Christi, dass er ganz Mensch geworden ist? Besteht nicht gerade darin die Größe des Sohnes Gottes? Besteht nicht gerade darin die Bedeutung des Heilshandelns Gottes, dass das Wort Fleisch geworden ist (Joh 1,14)? Wer diese Niedrigkeitsdimension Gottes bestreiten wollte, ginge am Kern des christlichen Glaubens vorbei. – Zur Sache vgl. S. 94: Die Bibel – ganz Gottes- und ganz Menschenwort.

[7] S. S. 14.

schieht, die z. B. Jungfrauengeburt, leibhafte Auferstehung, Sühnetod Christi für uns, ja die Möglichkeit persönlicher Offenbarung Gottes überhaupt in Frage stellt, ist sie sinnvoll. Da, wo sie gegen Brüder – gar aus dem evangelikal-pietistischen Raum – gewendet wird, wird sie zur pharisäischen und tödlichen Waffe, zum Totschlagwort. Auf die Nennung von Beispielen verzichte ich hier, um die Gräben im evangelikalen Raum nicht noch zu vertiefen. Sie sind als solche schon schmerzlich genug. „Bibeltreue" wird zur Waffe, die man gegen den Bruder wendet, mit dem man ihm Vollmacht und Segen, ja letztlich den rechten Glauben abspricht und um seine Spenden oder auch Studenten bringt. Und das alles unter geistlichen Vorzeichen!

Warum haben immer mehr Evangelikale Probleme mit dem Begriff „bibeltreu"?

Das Liebenzeller Werk hat in Missionsleitung, Lehrerkonferenz und Komitee darüber Konsens erzielt, dass wir bei diesem (gefährlichen) „Spiel" nicht mittun.

Wir erklären vielmehr einmütig:

2. Bibelkritik ist theologisches Harakiri, – theologischer und intellektueller Selbstmord

Eine biblisch-reformatorisch-erweckliche Theologie lebt davon, dass sie Gott reden, zu Wort kommen lässt, ihm nicht ins Wort fällt oder ihn gar bevormundet, ja zensiert. Wenn wir uns selbst mit unserem Denken, unserem Wollen und unseren Erfahrungen zum Maßstab für das machen, wer Gott ist, was er denkt und was er will, dann bringen wir uns um die entscheidende Perspektive; dann begegnen wir nur noch uns selbst; dann hören wir nicht das Evangelium, das doch gerade darin heilsam ist, dass es *uns* in Frage stellt und korrigiert.

Was ist das Kernproblem der „Bibelkritik"?

Und wo und wann und wie wären wir näher an Gottes Wirklichkeit, Gottes Willen und Gottes Reden dran als in der Bibel, dieser Bibliothek von Büchern, die uns Zeugnis vom lebendigen Gott ablegen und durch die Gott bis heute zu uns spricht – zum Leben bringend und Leben erhaltend?! Dafür lieben wir die Heilige Schrift. Deshalb ist sie uns unendlich wertvoll. Gott selbst hat die Bibel für sein Gottesvolk des Alten und Neuen Bundes vorbereitet und für dessen Entstehung Sorge getragen. *Alle Schrift ist von Gott eingegeben* (2. Tim 3,16). *Von Gott her redeten Menschen, getrieben vom Heiligen Geist* (2. Petr 1,21). Deshalb ist dieses Buch für uns ja *das* Buch, *die* Bibel (von lateinisch *bibula*, das Buch) schlechthin. Deshalb ist sie nicht nur eine Schrift, sondern „*die* Schrift", die Schrift schlechthin.

| Was verstehen wir unter Bibelkritk? |

3. Bibelkritik bedeutet menschliche Bevormundung des Wortes Gottes

Bibelkritik liegt immer dann vor, wenn wir die Bibel bevormunden, uns besserwisserisch verhalten:

- Das gilt, ganz gleich, ob jemand für eine Spätdatierung von Evangelien nach 70 n. Chr. eintritt: Jesus habe ja den Untergang Jerusalems nicht vorhersehen können, die entsprechenden Weissagungen hätten daher erst von der ersten Gemeinde *nach* den Geschehnissen verfasst worden sein können und sie seien Jesus dann nachträglich in den Mund gelegt worden! *Das* ist massive, weltanschaulich begründete Bibelkritik, die letztlich in der Bestreitung der Gottessohnschaft Jesu begründet ist;

| Welche Ergebnisse historischer Kritik sind vor allem Beispiele für Bibelkritk? |

- Bibelkritik liegt freilich genauso vor, wenn wir an Wahrnehmungen vorbeigehen und Beobachtungen übergehen, die die Bibel unvoreingenommenen Augen zu sehen gibt. So ist es ebenfalls Bibelkritik, wenn ich mit Macht die gesamten Texte des Pentateuch bis auf den letzten Buchstaben auf Mose meine zurückführen *zu müssen* – ganz gleich, was die Bibel uns zeigt und was wir in ihr finden; ganz gleich, ob etwa 5. Mose 34 einen Bericht vom Tod des Mose gibt, den man doch nur unter wenig glaubwürdig exegetischen Verrenkungen auf Mose als Verfasser zurückführen kann.

- Ganz gleich, ob man Daniel spät datiert, weil man echte Prophetie nicht für möglich hält oder ob man gegen den Wortlaut des Textes die Zeit der berichteten Geschichte mit der Abfassungszeit identifiziert (vgl. etwa die Bemerkung „Zu jener Zeit gab es noch keine Könige in Israel" in Ri 17,6; 18,1; 19,1; 21,25) – immer triumphiert ein dogmatisches, manchmal sogar weltanschauliches, in jedem Fall menschliches Vor-Urteil über Gottes Wort und das, was die Bibel selbst uns zeigen möchte und zeigt. *Bibeltreue* heißt darum für uns: Gott Gott sein lassen, ihn sagen lassen und ihn uns durch sein Wort sagen lassen, was er will; ihn nicht korrigieren wollen, die Bibel *darum als Gottes Wort nehmen, wie sie dasteht* und in ihr, aus ihr als Ganzes Gottes Wort in der Geschichte und an uns hören wollen.

> Was sind Beispiele für „fromme", also gut gemeinte, die Texte aber gleichwohl nicht ernst nehmende Bibelkritik?

- Bibelkritik liegt auch dann vor, wenn partout alle Evangelien dasselbe sagen müssen und so übergangen wird, dass es Gott gefallen hat, verschiedene Zeugen reden zu lassen, – wir aber Probleme mit der von Gott gewollten Vielfalt haben und in unserer Einfalt seinen Reichtum verkürzen wollen. Bibelkritik liegt freilich vor allem dann vor, wenn das Alte und Neue Testament in eine Vielzahl von gegensätzlichen Theologien auseinanderfallen, die – wenn auch aus unterschiedlicher Perspektive – nicht mehr von demselben reden.

- Bibelkritik liegt aus unserer Sicht vor, wenn wir uns für unser persönliches geistliches Leben, wie auch im öffentlichen kirchlichen Raum auf einen

Kanon bestimmter biblischer Texte beschränken und andere, die uns aus irgendwelchen Gründen unliebsam sind (z. B. Gerichtstexte oder Geschlechtsregister) ausklammern. Sie liegt aber vor allem dort vor, wo an theologischen Ausbildungsstätten nicht nur fahrlässig den sog. Pastoralbriefen (erster und zweiter Timotheusbrief sowie Titusbrief), sowie dem Epheser- und Kolosserbrief entgegen deren ausdrücklichen Anspruch die paulinische Verfasserschaft abgesprochen wird, sondern dann sogar auf deren Auslegung und theologische Berücksichtigung mit dem Argument verzichtet wird, es handele sich ja nicht um paulinische Schreiben, sondern um Folgen eines Fehlurteiles der Kirche, durch das diese Briefe irrtümlicherweise in den Kanon aufgenommen worden seien. Höchst subjektive, zweifelhafte exegetische Argumente, mit denen sich deutschsprachige theologische Forschung überdies international immer mehr isoliert, führen dazu, dass die Bibel ihren Charakter als Gegenüber, als Autorität, als Kanon (= Maßstab) für die Kirche verliert.

Wir stehen allen diesen, hier nur exemplarisch benannten und angedeuteten Entwicklungen kritisch gegenüber. Wir tun hier nicht mit. Wir sind bibeltreu, und wir wollen es auch weiterhin bleiben.

4. Bibeltreu – durch Gottes Gnade

| Der bloße Wille zur Bibeltreue – ist das nicht zu wenig? |

Ich betone: wir *wollen* bibeltreu sein. Mehr als eine immer zu erneuernde Willenserklärung kann das nicht sein. Denn wir sind Menschen, ja bleiben Sünder (vgl. nur 1. Joh 1,8) – auch und gerade in unserem Umgang mit der Heiligen Schrift. Das macht uns demütig. Unsere Bibeltreue können wir nicht garantieren. Treu ist letztlich nur Gott; auf seine Gnade wollen wir vertrauen, – darauf, dass er uns hörbereit, wahrnehmungsbereit, korrekturbereit erhält – auch da, wo das womöglich unangenehme Konsequenzen nach sich zieht.

Bibeltreue ist also keine Position, die wir ein für allemal besitzen (ganz abgesehen davon, dass es in Deutschland und weltweit viele wichtige exegetische und dogmatische Fragen gibt, in denen Theologen, die für sich Bibeltreue beanspruchen, gegensätzliche Anschauungen vertreten können).

Bibeltreue ist in erster Linie eine Haltung: eine Demut vor Gott, die Gott uns selber immer wieder in seiner großen Güte schenken muss.

> Wenn „Bibeltreue" in erster Linie eine innere Haltung ist, wird dann nicht alles beliebig?

5. Bibeltreue – keine sichere Position, sondern eine Haltung

Bibeltreue – das ist keine feste Position, die man ein für alle Mal selbstsicher einnehmen könnte; um „Treue"[8] zur Heiligen Schrift, vor allem um Treue zum lebendigen Gott müssen wir ringen, – ringen auch miteinander. Hier wird es und hier kann es verschiedene Standpunkte geben, – und hier werden wir im exegetischen und argumentativen Wettstreit miteinander darum ringen, wer denn der Bibel am ehesten gerecht wird, wer sie am angemessensten auslegt und am umfassendsten erschließt. Für die Dozenten- und Theologenschaft des ThSLM und die Verantwortlichen der Leitungsgremien der LM gilt, dass wir einander für „bibeltreu" halten – oder anders formuliert, weil einige das Wort aufgrund vielfältigen Missbrauchs für unglücklich oder problematisch halten: wir billigen einander auch bei teil-

> Wie gehen „bibeltreue" Theologen miteinander um, wenn sie zu unterschiedlichen Ergebnissen kommen?

---

[8] Treue ist recht verstanden ein Beziehungsbegriff. Treue kann es immer nur gegenüber einer Person geben. „Bibeltreue" kann es also nur insofern geben, als wir die Hl. Schrift als Wort Gottes begreifen, in dem *Er* und durch das *Er* uns anspricht. Das kann und muss jedem starren Umgang mit der Hl. Schrift im Sinne eines Kodexes entgegenwirken.

weise unterschiedlichen Positionen zu, dass wir die Bibel als Gottes Wort ernst nehmen und als absolute Autorität achten (wollen; s. o.). Wenn unter uns Fragen im Hinblick auf eine Position des anderen auftauchen, dann sprechen wir offen miteinander. Aber wir bestreiten dem anderen nicht deshalb die Bibeltreue, weil er anders denkt oder wir ihn nicht verstehen.

Wenn es etwa in puncto Taufe, Prädestination oder auch in einigen einleitungswissenschaftlichen Fragen eine gewisse (!) Bandbreite von Positionen unter den Dozenten gibt, dann bedeutet das keine billige Toleranz, sprich Gleichgültigkeit gegenüber der Wahrheitsfrage. Aber wir sehen das in Missionsleitung, Komitee und Lehrerkonferenz doch auch nicht nur als Not: erstens macht uns diese kontrollierte Bandbreite von Positionen demütig, zweitens hält sie uns lebendig, drittens regt sie die Studierenden zum Denken an, viertens übt sie die wichtige geistliche Einsicht ein, dass unser menschliches Wissen immer Stückwerk ist und bleibt, fünftens hilft sie unterscheiden zwischen zentralen Fragen, an denen sich Christsein und christlicher Glaube entscheidet, und wichtigen Fragen, in denen man eine Position haben muss, die aber dennoch nicht unbedingt von allen Wiedergeborenen geteilt wird.

Das Theologische Seminar der Liebenzeller Mission ist bibeltreu, und seine Arbeit soll es auch weiterhin sein. Dass es sich dabei nicht um bloße Beteuerungen und leere Versprechungen handelt, zeigt die theologische Arbeit, die wir tun, und die Früchte, die sie bringt.[9]

> Wie zeigt sich „Bibeltreue" konkret in theologischer Arbeit?

[9] Ich verweise nur auf die Bücher, die in der Reihe *Theologische Zeitfragen* im Verlag der Liebenzeller Mission (VLM) entstanden sind (Gottes Ordnungen zum Leben. Die Stellung der Frau in der Gemeinde, Lahr/Liebenzell 1997; Soll Gnadau in der Kirche bleiben? Gemeinschaftsbewegung und evangelische Kirche: Was ist unser Auftrag, Lahr/Liebenzell 1998; Mit Voll-

Was für uns Bibeltreue im Einzelnen bedeutet, wie wir von dieser hier nur skizzierten Grundlinie aus zentrale Fragestellungen der Bibelauslegung angehen und wie wir heikle hermeneutische Probleme behandeln, das möchte ich nun ausführlicher zeigen.

d) Klärungsbedarf

Es hat in der Vergangenheit eine Reihe von Fragen gegeben, ob das ThSLM noch bibeltreu sei. Klärungen sind nötig, und zwar aus folgenden Gründen:
(1) Wir sollten nach *außen* hin mit *einer* Stimme sprechen können. Dazu ist es notwendig, dass wir wissen, wie „Liebenzell" denkt, grundsätzlich und im Detail, und welche Bandbreite an Positionen es gibt.
(2) Nach *innen* gibt es ebenfalls einen Klärungsbedarf. Wir wollen und müssen ausweisen, (a) dass wir weiterhin bibeltreu sind, (b) was wir unter „Bibeltreue" verstehen, (c) dass wir uns damit in der „Spur der Väter" bewegen und (d), was das konkret,

---

macht Christ sein. Glaube, Geistesgaben und Geistempfang, Lahr/Liebenzell 1999), die sämtlich offizielle Dokumente der LM bzw. der die LM unterstützenden Gemeinschaftsverbände darstellen. Eine ganze Reihe anderer Veröffentlichungen geht direkt auf die Arbeit in diesem Kontext zurück (Gemeinde bauen in einer multireligiösen Gesellschaft. Apostelgeschichte 17 als Leitfaden für missionarisches Handeln, Lahr/Liebenzell 1998; Warum in aller Welt Mission? Zerstört Mission Kultur? Lahr/Liebenzell 1999). – Dass Kritiker, die die Bibeltreue des Liebenzeller Werkes bestreiten wollten, in der nicht unerheblichen Zahl von Publikationen nicht fündig wurden, sondern auf eine Veröffentlichung verweisen mussten (vgl. idea-spektrum 22/2000, S. 4), die es gar nicht gibt, ist der vielleicht bemerkenswerteste Beleg für eine Haltung zur Hl. Schrift, die wir nicht selbstbewusst betonen, die wir vielmehr allein Gottes Güte verdanken.

an Beispielen dargestellt, bedeutet.

(3) Unsere Studierenden benötigen über die theologische Klärung hinaus, deren Konsequenzen sie kaum übersehen können, eine Art „Geländer". Nötig und hilfreich sind exemplarische Konkretionen, auch Abgrenzungen.

1. Die Liebenzeller Linie: nicht „Maulkorb", sondern „Geländer"

> Bedeuten exegetische und hermeneutische Positionsbestimmungen nicht eine Bevormundung?

Wenn wir uns hier auf eine „Linie" verständigen oder im Blick auf manche Fragen eine legitime Bandbreite von Positionen formulieren, dann bedeutet das keinen „Maulkorb" und schon gar kein Denkverbot. Zunächst beschäftigen wir uns ja offensiv mit allen, auch den radikalsten Positionen und prüfen deren Stichhaltigkeit. Dann „glauben" wir ja nicht nur an die Richtigkeit einer Position, sondern beanspruchen, diese auch vernünftig und nachvollziehbar begründen zu können. Schließlich verschließen wir uns einer Haltung, die Wissenschaftlichkeit mit Beliebigkeit gleichsetzt. Erkenntnisbemühungen, auch und gerade an der Bibel, sind dazu da, Orientierung zu stiften und Gewissheiten zu vermitteln, die tragen. An solchen Linien, Geländern, am Abstecken von Positionen hängt also etwas – für Glaube und Leben. Darum sprechen wir sie auch aus, und darum markieren wir sie auch für die, die zu uns gehören wollen. Darum sind wir aber auch bereit, selbstverständlich Rechenschaft abzulegen über sie (vgl. 1. Petr 3,15).

> Warum ist die Beschäftigung mit „gottloser" Literatur theologisch notwendig? Ist sie nicht Bibelkritik?

2. Gewissheiten werden errungen, nicht vorgefertigt geliefert

Wichtig ist, dass sie errungen sind und dass wir damit einem Denkstil widersprechen, der schlicht unterstellt, es gebe eben die eine richtige (dann als

„bibeltreu" bezeichnete) Position, die es bloß zu lernen und dann anfechtungs- und mühelos nach Hause zu tragen gelte. Einem solchen Bedürfnis nach einem gleichsam ideologischen Standpunkt, der den christlichen Glauben zu einer Weltanschauung zu degradieren droht, verweigern wir uns. Dies ist der Grund dafür, dass tatsächlich in unserem Unterrichtsprogramm eine ganze Reihe an christentumskritischen und bibelkritischen Positionen behandelt werden.[10] Gewissheiten, auch und gerade in Fragen des Glaubens, werden errungen – in der Auseinandersetzung und in der Bewährung des Errungenen. Das ist die Kerneinsicht einer offensivmissionarischen Ausbildung. Von der Universität unterscheidet sich unsere Liebenzeller Ausbildung in dieser Hinsicht dadurch, dass wir unsere jungen Leute mit ihren Fragen und ihren Anfechtungen nicht allein lassen, ihnen argumentativ durch die Auseinandersetzung hindurchhelfen – ihnen dabei freilich das Denken nicht ersparen können – und schließlich zu einem begründeten, gewissen, geistlich und wissenschaftlich verantwortbaren Standpunkt helfen.[11]

> Warum reicht es nicht, wenn man einfach lehrt, was richtig ist?

---

[10] Dies schlägt sich selbstverständlich auch in der Literatur nieder, die wir behandeln. Während die einzelnen Dozenten an den CTL-Seminaren im Hinblick auf das, was sie positiv lehren, an Unterrichtsmaterial wählen können, was sie wollen, haben wir uns im Hinblick auf die zu behandelnden Positionen auf einen Kanon an Schriften geeinigt, die von allen Lehrkräften an allen drei Schulen besprochen werden sollen (im CTL-Studienführer als „Basislehrmaterial" bezeichnet).

[11] Didaktisch schlägt sich das im Unterricht an den CTL-Schulen in der Doppelheit der Einübung eines diskursiv-argumentativen Denkstiles einerseits und der Vergewisserung im Hinblick auf die die theologische und missionarische Arbeit tragenden Positionen nieder. Die – mindestens exemplarische – Auseinandersetzung mit verschiedenen, auch den Glauben infrage stellenden Positionen ist unumgänglich. Wir lassen unsere Studierenden damit aber nicht allein, sondern helfen ihnen

3. An Bibeltreue lassen wir uns von niemandem überbieten

Ich darf nach mehr als 20-jähriger Beschäftigung und mancherlei, auch krisenhaften persönlichen Klärungsprozessen zweierlei dankbar bemerken:
(1) Ich bin der festen Überzeugung, dass wir in Liebenzell – Ähnliches gilt für die theologische Arbeit und den Unterricht in Chrischona und Tabor – einen vielleicht einmalig guten Weg gehen, der offene, genaue, unverstellte, also wissenschaftliche Wahrnehmung und den persönlichen Glauben als Bindung an die Autorität des dreieinigen Gottes als Einheit begreift.

(2) An Bibeltreue, Schrifttreue, Vertrauen und Bindung an die Autorität der Heiligen Schrift, an Ernstnehmen ihrer Aussagen lasse ich mich und lassen wir uns in Liebenzell von niemandem überbieten. Wenn ich manche Positionen fundamentalistischer Freunde nicht übernehmen kann, dann nicht deshalb, weil ich weniger bibeltreu als sie wäre, sondern weil sie m. E. nicht bibeltreu (genug) sind. An diesem Maßstab und Anspruch möchte ich im Folgenden gemessen werden.

> Warum ist die Beschäftigung mit bibelkritischer Literatur wichtig?

4. Einleitungswissenschaftliche Fragen sind von hoher theologischer Bedeutung

Für unseren Umgang mit der Bibel kommt einleitungswissenschaftlichen Positionen eine nicht zu unterschätzende Bedeutung zu. Es handelt sich nicht nur um mehr oder minder nebensächliche Vor-

---

zur Klärung und führen diese soweit durch, dass dem Einzelnen ein ihm gewisser, ihn in seinem Glauben vergewissernder und ihm Orientierung gebender Standpunkt möglich wird.

Fragen.¹² Seit der Aufklärung sind Überlegungen und Spekulationen über das Werden der biblischen Bücher, die man dann vielfach als mehr oder minder gesicherte Ergebnisse vortrug, geradezu zum Hebel geworden, um die Glaubwürdigkeit der Heiligen Schrift zu schwächen und dem Bekenntnis der Kirche zur Bibel als Wort Gottes den Boden zu entziehen. Historisch-kritische Arbeit hat vielfach ausdrücklich eine dogmen- und bekenntniskritische Spitze und Zielsetzung (gehabt).¹³

Ich formuliere einmal drastisch und abgekürzt, aber doch wohl in der Sache zutreffend:

- Wenn etwa Pentateuchkritik und Quellenscheidung zu dem Ergebnis führen können, dass Mose nie am Gottesberg gewesen ist, vielmehr selber eine mehr oder weniger mythische Figur darstellt;

- wenn Spätdatierungen (von Teilen) des Pentateuch dazu führen, dass sich eine theologische Priesterkaste im Exil die Frühgeschichte Israels mehr oder weniger ausgedacht hat (incl. Durchzug durch das rote Meer und Landnahme), um dem Volk in der Verbannung eine theologische Identität zu geben;

- wenn Teile des Jesaja-Buches deshalb später datiert werden, weil man echte Prophetie (im Sinne eines die Zukunft vorhersagenden Redens des lebendigen Gottes durch den Mund eines Menschen) grundsätzlich ausschließt;

---

¹² Darum nimmt die Behandlung von einleitungswissenschaftlichen Fragen im Curriculum von CTL einen breiten Raum ein.
¹³ Vgl. Hans Joachim Kraus: Geschichte der historisch-kritischen Erforschung des Alten Testaments, Neukirchen-Vluyn 2., erw. Aufl. 1969; Karl-Heinz Michel: Anfänge der Bibelkritik. Quellentexte aus Orthodoxie und Aufklärung, Wuppertal 1985.

- wenn – um neutestamentliche Beispiele zu nennen – Briefe, die ausdrücklich und dem Wortlaut nach paulinische Verfasserschaft beanspruchen[14], Paulus abgesprochen werden und die These vertreten wird, Spätere hätten sich hier unter Ausnutzung seiner Autorität für ihre eigenen Aussagen Gehör verschaffen wollen;

- wenn Spätdatierungen der (schriftlichen) Form und Fassung der) Evangelien dazu dienen sollen, um die Evangelientraditionen im Wesentlichen oder zu einem erheblichen Teil auf eine nachösterliche, produktive Gemeinde zurückzuführen, nicht aber auf Jesus,

dann sind die Folgen verheerend:

- Die biblische Geschichte und Heilsgeschichte ist dann nicht mehr glaubhaft, sondern ein Märchen, oder freundlicher ausgedrückt: ein religiöser Mythos; aber eine Geschichte Gottes mit dem Menschen, exemplarisch und verdichtet im Gegenüber zu dem von ihm erwählten Volk Israel kann ich dann nicht mehr denken;

- Einen Gott, der redet und dessen Geschichtsmächtigkeit biblisch immer wieder auch im Eintreffen seiner Ankündigungen gesehen wird, gibt es nicht; wir sind auf uns selbst und unsere Erkenntnis angewiesen;[15]

> Wie denkt ihr über die Verfasserschaft des Jesajabuches?

[14] Es handelt sich um die sog. Pastoralbriefe (1. und 2. Timotheus, Tit) und den Epheser- wie Kolosserbrief

[15] Wir vertreten in Liebenzell die Einverfasserschaft des Jesajabuches, wie sie etwa Dieter Schneider entfaltet (vgl. seine Kommentierungen des Jesajabuches in der Wuppertaler Studienbibel, Teil 1 Kap. 1–39, Wuppertal 3. Aufl. 1997, hier vor allem 189–191, und Teil 2, Kap. 40–66, Wuppertal/Zürich 2. Aufl. 1993, hier v. a. 250 f., sowie ders.: Art. Jesaja, Buch, in: GBL Bd. II, Wuppertal/Gießen 1988, 678–682, bes. 680), tolerieren

- Das Neue Testament, ja die ganze Bibel werde ich dann auch in anderen Angaben nicht mehr für zuverlässig, ja ehrlich halten, wenn ich schon bei den Paulusbriefen mit solchen „Tricks" rechnen muss;

- Von Jesus, der doch dem Anspruch der Texte nach Gottes Offenbarung in Person ist, weiß ich eigentlich nichts. Ich bin genauso unerlöst und unwissend wie die Menschen vor seiner Geburt.

Wie steht es mit der These unpaulinischer Verfasserschaft der sog. Pastoralbriefe?

Natürlich ist es ganz wichtig, schon hier festzuhalten, dass historische Arbeit nicht zwangsläufig zu solchen desaströsen Ergebnissen führen muss.[16] Korrekte historische Forschung, die sich an die allgemeinen Standards in der Geschichtswissenschaft hält, korrigiert gerade solche Verzerrungen.[17] Aus

---

aber andere Positionen dann, wenn diese Bibelkritik vermeiden, d. h. etwa eine echte Prophetie nicht ausschließen und nicht von solchen offenbarungskritischen, antisuprarationalistischen Voraussetzungen her zu anderen Datierungen geführt werden.

[16] Dies zeigt sich schon darin, dass die bibelwissenschaftliche Forschung im angelsächsischen Raum z. T. ganz andere Wege geht als die deutschsprachige. Es gibt in den USA und in England einen Fundus an „konservativer" exegetischer Arbeit, von dem wir hier in Deutschland z. Zt. nur träumen können. Das zeigt sich an der immer noch hohen Zahl der Reprints älterer Arbeiten oder der Übersetzungen aus dem Englischen.

[17] Es ist ein Zeichen der Hoffnung, dass selbst etwa im Hinblick auf die klassische, einen geradezu dogmatischen Rang besitzende Quellenscheidungstheorien eine offenbar nicht mehr aufhörende Diskussion in Gang gekommen ist, die zeigt, dass die Grundlagen dieses Ansatzes als stark hypothetisch und nicht tragfähig angesehen werden (vgl. schon Claus Westermann: Genesis, Bd. 2, Kap. 4–11 (BK 1/2), Neukirchen-Vluyn 2. Aufl. 1976, 762–782; Gerhard Maier: Kritisches zur Pentateuchkritik, in: ThBeitr 16 (1985), 286–290; sowie die Hinweise bei Ralf Albrecht: Pentateuchkritik im Umbruch, in: Gerhard Maier (Hrsg.): Israel in Geschichte und Gegenwart. Beiträge zur Geschichte Isra-

professionell-profaner geschichts-wissenschaftlicher Sicht wird im Gegenteil den biblischen Traditionen immer wieder eine recht hohe Zuverlässigkeit bescheinigt.[18] Aber es ist eben doch einsichtig, warum die genannten Horror-Ergebnisse, die doch teilweise weitgehender Konsens sind in der deutschsprachigen Bibelwissenschaft, bei vielen Christen, die die Bibel lieb haben und für die sie das Lebensbuch schlechthin ist, zu einem gebrochenen Bewusstsein der Bedeutung historischer Arbeit geführt haben, – ja historische Forschung ein Angst- und Abwehrauslöser geworden ist.

Tatsächlich stehen wir hier vor der Wahrheitsfrage. Helfen wird uns darum nicht eine pauschale Abwehr der historischen Arbeit, sondern nur die Frage: Was stimmt denn nun? Lassen sich diese furchtbaren Resultate sog. historischer Kritik wirklich begründen? Nach wie vor gilt der Satz Karl Barths: „*Kritischer* müßten mir die Historisch-Kritischen sein"[19] – kritischer eben auch im Hinblick auf ihre Voraussetzungen und den Umgang mit ihren Methoden!

In der Auseinandersetzung mit sog. Historischer Kritik wird es darauf ankommen, das Kind nicht mit dem Bade auszuschütten. Nicht historische Wahr-

> Warum rechnet ihr weiter mit Quellen für den Pentateuch?

> Wie denkt ihr über die Pentateuch-Kritik, Quellenscheidung, neuere Urkundenhypothese?

---

els und zum jüdisch-christlichen Dialog, Wuppertal 1996, 61–80 (vgl. ebd. auch die Beiträge von Gerhard Maier (Wahrheit und Wirklichkeit im Geschichtsverständnis des Alten Testaments, 9–24, und Rolf Rendtorff: Welche Folgerungen hat der Wandel in der Pentateuchforschung für unsere Sicht der Geschichte Israels?, 43–60); ders.: Das Ende der neueren Urkundenhypothese – zur Einheit der Schöpfungsgeschichte der Genesis, in: Hahn/Hille/Neudorfer (Hrsg.): Dein Wort ist die Wahrheit, 133–146).

[18] Ich nenne als Beispiel nur die Arbeiten von Wolfgang Schadewaldt (Die Zuverlässigkeit der synoptischen Tradition, ThBeitr 1982/5) und Hugo Staudinger (Die historische Glaubwürdigkeit der Evangelien, Gladbeck/W./Stuttgart 1971 und spätere Bearbeitungen).

[19] Der Römerbrief, 2. Aufl., ND Zürich 1967, XII.

nehmungen sind das Problem, sondern unhistorische, durch genaues Hinschauen eben nicht zu rechtfertigende Spekulationen. Am Beispiel: Wir können und müssen nicht bestreiten, dass es in dem riesigen Text-Komplex, den wir Pentateuch („5 Bücher Mose"[20]) nennen, verschiedene Überlieferungsteile gibt. Wir können mit Sicherheit spätere Verse[21] und Textkomplexe[22] von früheren unterscheiden. Ja sogar Quellen kann und muss man im Pentateuch unterscheiden, wenn man denn bibeltreu sein und die Texte ernst nehmen will.[23] Aber das bedeutet in keiner Weise, dass wir zu den o. g. destruktiven Resultaten einer historischen Spekulation kommen.[24]

---

[20] Die Bezeichnung „5 Bücher Mose", die Mose als Gesamtverfasser nahelegt, findet sich übrigens weder in der hebräischen noch in der griechischen Textüberlieferung.

[21] Vgl. etwa die Stellen, die eine spätere Situation im Lande voraussetzen: Gen 12,6 „damals waren die Kanaanäer im Land"; Gen 36,31 „bevor ein König herrschte bei den Israeliten" usw., auch die vielen erläuternden Aussagen, etwa bei Namen, die offenbar später Lebenden frühere Verhältnisse erklären wollen.

[22] Etwa Dtn 34, die Beschreibung des Todes des Mose.

[23] So nennt z. B. das Buch Numeri (= 4. Buch Mose) sogar ausdrücklich eine schriftliche Quelle, aus der Mose regelrecht zitiert: Das Buch der Kriege Jahwes (21,14). Gehörte auch das Brunnenlied (21,17 f.) zu diesem Buch, das mindestens so alt sein muss wie das Buch Numeri, oder handelt es sich noch einmal um eine andere Quelle? Vgl. zur Quellenlage die hilfreichen Überlegungen von Gerhard Maier: Das vierte Buch Mose, Wuppertal 2. Aufl. 1997,19–23. – Hier zeigt sich sehr schön, dass die Unterscheidung von Quellen nicht identisch ist mit dem klassischen Modell einer Quellenscheidung im Sinne der Urkundenhypothese (JEDP) nach Julius Wellhausen, die mit der o. g. massiven Veränderung des Bildes der Geschichte Israels vor allem verbunden ist.

[24] Wir gehen in Liebenzell davon aus, dass Mose der entscheidende Gewährsmann und die überragende Quelle für den Textbestand ist, den wir im Pentateuch vor uns haben, ohne doch jeden Vers der 5 Bücher Mo-

Wir wollen niemanden auf eine Liebenzeller Linie zwingen oder jemanden nur dann als Bruder und Schwester anerkennen, wenn er unsere einleitungswissenschaftlichen bzw. hermeneutischen Positionen teilt. Aber wir möchten – doch gegen den Trend eines „anything goes", der mit dem Hinweis auf akademische Freiheit alles zu denken freigibt – darauf aufmerksam machen, dass christlicher Glaube und christliches Bekenntnis nur dann gelebt und festgehalten werden können, wenn bestimmte historische Einschätzungen zutreffend und andere nach allem, was wir wissen, falsch sind. Hier geht es nicht um evangelikale „*specials*", sondern schlicht um die Frage intellektueller Redlichkeit.

---

se auf ihn zurückführen zu müssen oder zu wollen. Mit W. S. La Sor/D. A. Hubbard/F. W. Bush und H. Egelkraut (Das Alte Testament. Entstehung – Geschichte – Botschaft, Gießen/Basel 1989, 76 f.) gehen wir davon aus, „daß entscheidende Teile des Erzählrahmens und der Gesetzestexte auf ihn und seine Anregungen zurückgehen und die in diesem Epos dargestellten Umstände und Ereignisse authentisch wiedergeben. Obwohl es unwahrscheinlich ist, daß Mose den Pentateuch in der Form schrieb, in der er uns jetzt vorliegt, läßt die Einheitlichkeit der Überlieferung keinen Zweifel daran, daß bei ihm der eigentliche Ursprung dieses Werkes liegt."

II Was ist Bibelkritik? Was ist Bibeltreue?

a) Bibeltreu bzw. bibelkritisch ist nicht eine bestimmte Position, sondern eine bestimmte Haltung

1. Die Vielfalt einander widersprechender „bibeltreuer" Positionen

Man hat sich vielfach angewöhnt, bestimmte Positionen als bibeltreu bzw. als bibelkritisch, historischkritisch etc. zu bezeichnen. Wenn man so verfährt, muss man gar nicht mehr fragen, *warum* jemand in einer bestimmten Weise denkt. Die Frage, ob jemand bibeltreu ist, also „zu den Guten" gehört, oder bibelkritisch ist, also „zu den Bösen" gehört, ist dann denkbar einfach zu entscheiden. Ich brauche nur das richtige Buch, das mir sagt, was denn die bibeltreue Position ausmacht, was bibeltreue Antworten sind und was nicht.

Das Problem ist nur: Das Buch gibt es nicht. Es gibt selbst im fundamentalistischen Raum eine solche Bandbreite an Positionen, dass sogar massive redaktionsgeschichtliche Kritik mit der Behauptung der Irrtumslosigkeit der Heiligen Schrift verbunden werden kann. Man vergleiche nur einmal ruhig, was evangelikale, bibeltreue Theologen an unterschiedlichen, teilweise einander ausschließenden Positionen zu so wichtigen Themen wie Taufe, Kirche, Prädestination und Abendmahl vertreten.

Die Vielfalt der faktischen und offenbar möglichen Positionen muss uns also skeptisch machen hinsichtlich der Annahme der *einen* Position, die selbstverständlich als „*die* bibeltreue" gelten kann.

Wir bräuchten da schon eine Art Bibel, die uns sagt, welche der evangelikalen und pietistischen Positionen denn nun wirklich bibeltreu und welche

> Warum kann niemand einfach die bibeltreue Position für sich reklamieren?

bibelkritisch sind. Nur, wie gesagt, die gibt es nicht. Freilich gibt es immer wieder neu Gruppen und Institutionen, die andere bibeltreue Gruppen und Institutionen angreifen und nun behaupten, sie selber seien nun im Gegensatz zu den schon vorhandenen Einrichtungen wirklich bibeltreu oder noch bibeltreuer als die anderen.

Natürlich ist es ein biblisch-reformatorisches Anliegen jeder erwecklichen Theologie, sich ständig am Maßstab der Bibeltreue, Bindung an die Heilige Schrift, Gehorsam gegenüber dem Wort Gottes messen zu lassen und ggf. auch zu Korrekturen bereit zu sein. Schwierig wird es aber und Vorsicht ist geboten, wenn Menschen auftreten, die sich selbst, ihre Position zum absoluten Maßstab machen und sich anmaßen, ihre Position mit der Bibel gleichzusetzen, eben behaupten, sie – womöglich alleine – wüssten, was die Bibel sagt, und die dann meinen, hier *letzte* Urteile fällen zu können. Für eine Beurteilung derer, die da so auffallend Bibeltreue proklamieren, kann helfen, ob sie Bibelkritik nur bei anderen anklagen oder auch selbstkritisch bei sich einklagen.

Was kann man tun, um Bibelkritik zu vermeiden?

2. Bibeltreue und Bibelkritik entscheidet sich an der Bereitschaft, die Bibel sein und sagen zu lassen, was sie will

Es hilft in dieser Situation wie etwa auch in unübersichtlichen ethischen Diskussionslagen nur eines: der Wille zum Hören, der Wille Gott gehorsam zu sein, der unbedingte Wille, das wahrzunehmen, was uns die Bibel zeigt, wenn wir sie unvoreingenommen befragen und zu Wort kommen lassen *wollen.* *Bibelkritik* ist dann jeder, auch jeder Versuch in – scheinbar – frommem Gewand, die Bibel zu bevormunden, ihr womöglich den eigenen Willen, die eigene Theologie, die eigenen Gedanken aufzuzwingen und sie nicht sagen zu lassen, was sie sagen will.

Bibeltreue ist dann umgekehrt der absolute Wille, die Bibel das sagen zu lassen, was sie will, sie uns das zeigen zu lassen, was sie uns zeigen will, – auch wenn das unangenehm sein sollte – und auf alle Bevormundung zu verzichten.

Es wird sich dann zeigen, dass es sehr wohl eine liberale Bibeltreue und eine pietistische Bibelkritik geben kann. Bibeltreue und Bibelkritik entscheiden sich daran, wie ernst ich die Bibel nehme: wie sehr, wie genau, wie detailliert ich sie wahrnehme und ihr Wort sagen lasse, oder umgekehrt: inwieweit mir meine Theologie, mein Gottesbild, meine Lieblingsgedanken, meine Prägung oder meine Wünsche die Wahrnehmung verstellen und es verhindern, dass die Bibel mich kritisiert.

> Warum ist Bibelkritk ein universales Problem, vor dem niemand gefeit ist?

Das ist noch einmal ein Argument dafür, nicht zu positionell zu denken, sondern geistlich, von Gott her. Es ist ja klar: der *diabolos* will es verhindern, dass wir uns dem stellen, was uns präziser als alles andere Gottes Willen und Werk mitteilt. Er will dies universal, bei uns *allen* verhindern. Schon aus diesem Grund wäre es fahrlässig, wenn man die bibelkritische Haltung nur in *einem* „Lager", vor allem nicht im eigenen, sondern immer im anderen suchte.

Mit Recht hat Luther die *Klarheit* der Schrift hervorgehoben. Auch wenn einige Stellen für uns „dunkel" sind, so ist doch Gottes Weg, Wille und Ratschluss mit uns und dieser Welt überragend klar und deutlich.[25] Und eigentlich müsste es auch jedem, der die Bibel liest, möglich sein, diesen ihren offenbaren Sinn zu erkennen. Dass wir für das Verstehen der Heiligen Schrift auf den Heiligen Geist angewiesen sind, ist darin begründet, dass Glaubensfragen Erkenntnisfragen sind und dass Erkenntnisfragen Willensfragen sind. Der „natürliche Mensch

> Welche Rolle spielt der Heilige Geist bei der Schriftauslegung?

---

[25] Daß der freie Wille nichts sei. Antwort D. Martin Luthers an Erasmus von Rotterdam. Ausgewählte Werke, hg. Von H. H. Borcherdt und G. Merz, München 3. Aufl. 1975, 15–18; 128 f.

fasst nichts von dem, was des Geistes Gottes ist. Denn es ist ihm eine Torheit. Und er kann es nicht erkennen." (1. Kor 2,14) Der natürliche Mensch steht unter der Macht der Sünde (Röm 6,16) und dem Einfluss des Bösen (vgl. Joh 8,44). Schuldhaft hält er das, was er von Gott erkennen könnte nieder (vgl. Röm 1,19 f.). Bestimmt durch die Sünde sind wir nicht bereit, das an-zuerkennen, was wir eigentlich sonnenklar verstehen müssten, was uns aber den Weg zu Gott und zur Umkehr weist. Das ist der Grund dafür, dass es eine Auslegung, ein Verstehen und ein Leben der Bibel nie als nur intellektuellen Akt gibt, dass die entscheidende Voraussetzung vielmehr das Gebet um das Wirken des Heiligen Geistes ist, durch den Christus uns den Sinn für die Heilige Schrift auftut[26]. Bibeltreu sind wir nur dort, Bibelkritik vermeiden wir nur dort, wo der Geist des dreieinigen Gottes über uns herrscht und in unserem Leben Raum gewinnt. Dies ist der Grund dafür, weshalb wir Bibeltreue und Bibelkritik nicht nur als theologische Begriffe und intellektuelle Einstellungen definieren und auf unseren Verstand beschränken dürfen. Bibeltreue oder Bibelkritik – das ist eine Frage, die sich primär an unserem Leben zeigt, ja ich wage, das zu behaupten: auch in unserem Leben entscheidet. Wo ich mit Gott lebe, ihn in meinem Leben Herr sein lasse und ihn als barmherzigen Vater und Herrscher über alles erfahre, dem kein Ding unmöglich ist, da werde ich natürlich auch die Bibel anders lesen und für die Vergangenheit doch nicht ausschließen, was ich im eigenen Leben gegenwärtig erfahre. Das gilt natürlich auch umgekehrt: Ich werde im eigenen Leben wie in der Gemeinschaft der Christen, in die Gott mich hineingestellt hat, nur dann mit Gott wirklich rechnen, auf sein Gebot unter schwierigen Umständen hören und ihn als überwältigenden Schöpfer immer neuen

> Warum kommt dem Gebet eine Schlüsselrolle für die Auslegung der Heiligen Schrift zu?

> Welcher Zusammenhang besteht zwischen Bibeltreue und Glaubensleben?

---

[26] So Martin Luther: Daß der freie Wille nichts sei ..., 16.

inneren Lebens erfahren (2. Kor 4,16–18), wenn ich mich durch die Wahr-Nehmung, das Wahr-Nehmen biblischer Geschichte dazu anleiten und anregen lasse. Bibeltreue als theologische Haltung und Glaubensgehorsam als Lebensvollzug können darum nicht getrennt werden. Sie stehen vielmehr in einem direkten wechselseitigen Abhängigkeitsverhältnis zueinander.

3. Die biblischen Zeugen über einen Leisten schlagen – ein Beispiel für Bibelkritik

Ich nenne einmal ein Beispiel: Es gibt im pietistisch-evangelikalen Raum eine verbreitete Haltung, alle Aussagen in der Bibel über einen Leisten zu schlagen. Die Profilierung verschiedener biblischer Zeugen gerät ja leicht in den Geruch des Bibelkritischen. Wieso denn soll man Paulus, Jakobus und Johannes unterscheiden? Es ist doch der Heilige Geist der eine Verfasser der Bibel! Will hier jemand womöglich die menschliche Seite der Schrift herausarbeiten? Hat er etwa Probleme mit ihrer göttlichen? Kann es da nicht zu Spannungen und Widersprüchen kommen?

Bibelauslegungen und neutestamentliche Theologien aus dem nicht-evangelikalen Raum können teilweise viel unverkrampfter bestimmen, wie viel anders Matthäus und Johannes, Paulus und Jakobus über zentrale theologische Sachverhalte reden und wie unterschiedlich ihr Christuszeugnis ist. Natürlich gilt es, einer falschen Redeweise von „verschiedenen Theologien" im Neuen und Alten Testament zu widersprechen, bei der dann die Heilige Schrift in eine Vielzahl von Gottesvorstellungen ohne inneren Zusammenhang auseinanderfällt. Der Kanon zerfällt dann in eine Reihe von Bruchstücken, die kein Ganzes mehr ergeben und von denen eigentlich auch nicht mehr einzusehen ist, warum man diese völlig verschiedenen, einander widersprechenden Vorstel-

> Warum ist es kein Zeichen von Bibeltreue, wenn man die Vielfalt biblischer Gotteszeugnisse bestreitet?

lungen über Gott eigentlich in einem Buch gesammelt und dann auch noch kanonisiert, also zu einem Maßstab (Kanon = Richtschnur, übertragen: Maßstab) gemacht hat.

Umgekehrt gehört es aber gerade zur Wahrnehmung der Heiligen Schrift, dass wir ernstnehmen, wie und dass es Gott gefallen hat, sehr unterschiedliche Zeugen und Personen in seinen Dienst zu nehmen. Wer hier alles über einen Kamm schert, verliert eine gute, gottgewollte Vielfalt und übersieht eine Besonderheit des Redens und Wirkens Gottes.[27] Die genannte Vielfalt bedeutet einen Reichtum, mit dem Gott uns beschenken und unseren unterschiedlichen Prägungen und Begabungen gerecht werden will.

Die Spannweite der Aussagen, man könnte auch sagen: die Spannungen können dabei sehr weit gehen. Es ist schon eine Frage, wie man die durchgängige Überzeugung bei Paulus und Johannes, dass uns vergeben wird, wann immer wir bekennen (vgl. etwa 1. Joh 1,9), mit der Verweigerung der zweiten Buße in Hebr 6,4–8 und 10,26–31 vereinbaren kann. Es wird hier doch sehr unterschiedlich akzentuiert, und dem Dreieinigen hat es gefallen, genau das zuzulassen.

> Worin besteht die missiologische Bedeutung der Spannnweite und Vielgestaltigkeit biblischer Aussagen?

---

[27] Rolf Hille hat darauf hingewiesen, dass diese Vielfalt einen tiefen missionarischen Sinn hat: „Die Komplexität geschichtlicher Situationen, die Unterschiedlichkeit der Autoren, die Vielfalt literarischer Formen mit der Weite ihrer Inhalte (Geschichtsberichte, Gebete, Gesetze, Weisheitssprüche, Gleichnisse etc.) in den Bibeltexten korrespondiert mit den ökumenischen und missiologischen Erfordernissen einer ebenso vielgestaltigen Komplexität der Kirche und ihrer Sendung in die Welt."(Was ist schriftgemäß? In: Eberhard Hahn/ Rolf Hille/Heinz-Werner Neudorfer (Hrsg.): Dein Wort ist die Wahrheit. FS für Gerhard Maier. Beiträge zu einer schriftgemäßen Theologie, Wuppertal, 1997, (13–40) 39.)

b) Wir müssen unterscheiden zwischen legitimer, theologisch angemessener historischer Arbeit einerseits und einer weltanschaulich vorbelasteten ideologisierten historischen Kritik andererseits

1. Die Kritik an *der* „historisch-kritischen Methode" trägt nicht

> Wie kann man fundiert, differenziert und eindeutig zur „historisch-kritischen Forschung" Stellung nehmen?

Die protestantische Bibelwissenschaft ist stolz darauf, dass sie „historisch-kritisch" ist. Umgekehrt sehen viele Evangelikale und Pietisten sowie Fundamentalisten in „der historisch-kritischen Methode" die Verkörperung des Bösen schlechthin. Man dürfe die Bibel nicht „historisch-kritisch" auslegen.

> Warum trägt eine pauschale Kritik an der historisch-kritischen Methode nicht weit?

Auch wenn wir dieser Kritik historischer Kritik intuitiv sofort zustimmen, sehen wir doch die Notwendigkeit, sie in dreifacher Weise abzusichern:

- Es gibt „die historisch-kritische Forschung" genauso wenig wie „den Deutschen" oder „die Deutsche Theologie". Wir werden also Minimalkriterien formulieren für das, was wir unter „historisch-kritischer Forschung", „historischer Kritik" verstehen.[28]

- Der Hinweis darauf, dass eine Aussage, ein exegetisches Resultat oder eine theologische Theorie „historisch-kritisch" ist, erledigt diese Überzeugung nicht schon. Die Ergebnisse sog. historisch-kritischer Arbeit sind nicht schon deshalb falsch, weil sie kritisch, oder zu kritisch, zu radikal, glaubensschädigend etc. wären. Sie können vielmehr nur aus zwei Gründen falsch sein: Sie sind dann falsch und nicht akzeptabel, wenn sie theologisch von Voraussetzungen ausgehen, die dem biblischen Offenbarungsanspruch widersprechen, und

---

[28] S. S. 48-54.

wenn sie wissenschaftlich nicht haltbar sind, d. h.: wenn ihre Beobachtungen nicht stimmen, wenn ihre Exegesen nicht überzeugen, wenn ihre Schlußfolgerungen spekulativ, nicht schlüssig etc. sind. Das ist aber im Detail zu zeigen und nicht einfach nur zu postulieren.

> Was ist das beste Mittel gegen eine irregeleitete, historisch-kritische Schriftauslegung?

- Die weit verbreitete Redeweise von *der* „historisch-kritischen Forschung" bzw. „Methode", die abzulehnen sei und an deren Stelle dann eine besondere biblische Methode zu setzen sei, greift zu kurz. Nichts anderes brauchen wir als den Nachweis, dass wir als Theologen in biblisch-reformatorisch-erwecklicher Tradition die Bibel besser verstehen, angemessener wahrnehmen, sorgfältiger lesen. Kein methodisches Sonderinstrumentarium braucht es dafür, sondern schlicht den unter Gebet vollzogenen offenen, sauberen, unverstellten Wahrnehmungsakt und die Bereitschaft, Sachverhalte, die die Bibel uns auch unter demütigem Hören auf andere Ausleger zwingend nahelegt, auch wahr-zunehmen und ernst zu nehmen.

> Warum können wir auf eine methodische Bibelauslegung nicht verzichten?

Auf eine methodische Bibelauslegung können wir dabei nicht verzichten, wenn denn das, was wir als biblisch und als bibeltreue Position behaupten, von anderen in der Kirche, in der Verkündigung, in der missionarischen Begegnung oder im apologetischen Gespräch nachvollzogen werden können soll.[29]

Was uns im evangelikalen Raum weiterhilft, das ist darum nicht die pauschale Ablehnung der historischen Kritik, die es so gar nicht gibt. Wir lassen uns nur in ein unwissenschaftliches Ghetto abdrängen, solange wir denen, die Offenbarungskritik betreiben, ihre Wissenschaftlichkeit nicht bestreiten. Was uns

---

[29] Das hat in überzeugender Weise Gerhard Maier in seiner Biblischen Hermeneutik entfaltet (S. 291–294).

alleine hilft, das ist der Nachweis, dass die Arbeitsweise und dem entsprechend die Ergebnisse einer bestimmten Arbeitsweise eben nicht Wissenschaft, sondern Weltanschauung, eben nicht kritisch, sondern in entscheidender Hinsicht unkritisch sind: nämlich gegenüber der eigenen Methodik und deren Voraussetzungen. Wir können eine Position nicht wegen ihrer negativen, unangenehmen oder ärgerlichen Ergebnisse ablehnen, – sondern nur aus einem Grund: weil sie falsch ist, weil ihre Voraussetzungen nicht tragen: theologisch nicht und wissenschaftlich nicht.

2. Angst vor der historischen Wahrnehmung der Bibel kann zu Bibelkritik führen

Eine *zweite* negative Konsequenz: weit verbreitet ist eine Furcht vor der Wahrnehmung, eine Angst vor einer historischen Arbeit, die womöglich vor unangenehme Sachverhalte führen könnte. Man hat unterschwellig Sorge, dass sich bei genauer Forschung Beobachtungen ergeben, die in Spannung oder Widerspruch zur eigenen Auffassung von dem Wesen der Bibel stehen. Die Konsequenz ist eine mancherorts offene, manchmal auch bloß unterschwellig gebrochene Haltung zur historischen Arbeit an der Bibel. Eigentlich ist das aber schon der Beginn einer verdeckten Bibelkritik. Denn muss sich unsere Auffassung von der Bibel nicht nach dem richten, was sie uns über sich zeigt? Wenn eine bestimmte Inspirationstheorie z. B. daran hindert, literarische Abhängigkeiten zwischen Matthäus, Markus und Lukas zuzugeben, ist dann die Leugnung der mancherlei Bezüge zwischen den synoptischen Evangelien (von griech. synopse, Zusammenschau) nicht bibelkritisch? Wir müssen uns hüten, nicht wahrhaben zu wollen, was die Bibel selbst uns zeigt und was offenbar vor aller Augen liegt.

> Warum ist historische Arbeit an der Bibel wichtig?

3. Historische Arbeit an der Bibel ist um der Eigenart der Bibel willen nötig

Dies ist nun aber das Schlimmste, was uns passieren kann:

> Warum kommt der historischen Arbeit an der Bibel sogar eine besondere Bedeutung zu?

Denn historische Arbeit ist nötig, weil Gott sich historisch, in der Geschichte geoffenbart hat, in sie eingegangen ist, in ihr geredet und in ihr gewirkt hat. Allein historische Arbeit entspricht darum dieser Form der Offenbarung Gottes. Unser Gott redet ja nicht mystisch, per Herzensoffenbarung. Er hat sich auch nicht in einem Universalesperanto zu erkennen gegeben, also einer Sprache, die alle zu allen Zeiten verstehen und die es nicht gibt, nicht geben kann. Er bedient sich – für viele „ärgerlicherweise" – des Hebräischen und (Alt-)Griechischen. Er ist nicht allen Völkern erschienen, sondern hat sich dies eine kleine, bestimmte, jüdische Volk erwählt (vgl. Dtn [5. Mose] 7,7 f.). Wer die biblischen Zeugnisse vom Handeln und Reden Gottes verstehen will, kommt nicht umhin, diese historisch zu verstehen, sie in ihren geschichtlichen Zusammenhängen zu rekonstruieren, sie in ihren Ursprachen zu lesen, um sie dann so gut wie möglich zu übersetzen.

4. Historische Arbeit bewahrt uns vor ungewollter Bibelkritik

> Inwiefern kann uns historische Arbeit an der Heiligen Schrift sogar vor Bibelkritik bewahren?

Die historische Arbeit ist aber auch deshalb nötig, weil sie uns davor bewahrt, irgendetwas in die Bibel hineinzulesen, was sie gar nicht sagen will, also: Bibelkritik zu betreiben. Exegese ist eine notwendige Voraussetzung für jede Predigt. Andernfalls steht der Prediger in der Gefahr, dem Bibeltext nur seine Lieblingsgedanken oder gerade drängende Überlegungen in den Mund zu legen. Auch das ist schwerste Bibelkritik und leider eine sehr häufige.

Also, legitim, angemessen und notwendig ist unverstellte, historische Arbeit und historische Erforschung der Heiligen Schrift. Hier sollten sich Theologen in der biblisch-reformatorisch-erwecklichen Tradition von niemandem etwas vormachen lassen. Und hier gibt es auch wunderbare Vorbilder, von der Zahn-Kommentierung des Neuen Testamentes über die exegetische Arbeit Adolf Schlatters bis hin zu den hervorragenden Kommentaren von Julius Schniewind.

Von dieser selbstverständlich historischen, wissenschaftlichen Wahrnehmung der Bibel, die ich einfach als „historische Arbeit" bezeichnen möchte, ist streng zu unterscheiden eine *historisch-kritische Forschung*, die eben nicht mehr Wissenschaft ist, sondern Ideologie. Mir ist ganz wichtig, dass wir ihr eben den Ehrentitel „Wissenschaft" nicht lassen, sondern mit Gründen bestreiten. Diese sog. historisch-kritische Arbeit gibt es in vielerlei Gestalt.

Wir unterscheiden darum bewusst zwischen historischer Arbeit und historisch-kritischer Forschung. Mit *Ersterem* meinen wir das, was sich auch, ja gerade für die Bibel von selbst versteht: Spiegelt sie doch das Eingehen Gottes in die Geschichte mannigfach wider und erfordert darum geradezu eine historische Lektüre, die ihrem geschichtlichen Charakter entspricht. Was historische Arbeit bedeutet, wie sie die Demut vor dem Gegenstand mit der Offenheit für das, was der Text zu sagen und zu zeigen hat, verbindet und wie sie jedem Versuch der Bevormundung der Quellen zu widerstehen hat, kann man exemplarisch etwa bei dem französischen Geschichtswissenschaftler H.-I. Marrou[30] lernen.

> Besteht ein Unterschied zwischen historisch-kritischer Forschung und historischer Arbeit?

---

[30] Vgl. v. a. sein Werk: Über die historische Erkenntnis. Welches ist der richtige Gebrauch der Vernunft, wenn sie sich historisch betätigt? Freiburg/München 1973. Die wichtigsten, für eine theologische Hermeneutik relevanten Passagen habe ich dokumentiert in meinem Arbeitsbuch: Grundfragen der Schriftauslegung, Wuppertal/Liebenzell 2. Aufl. 1998, 127–129.

Von dieser wissenschaftlich gebotenen wie reflektierten historischen Arbeit unterscheiden wir das weltanschauliche Konstrukt einer sog. historischen Kritik bzw. historisch-kritischen Forschung. Mit ihr müssen wir uns nun in einer differenzierten, ihrem Anliegen gerecht werdenden, aber ihr Problem damit umso deutlicher herausstellenden Art und Weise auseinandersetzen. Wir fragen zunächst nach dem, was an den Grundsätzen richtig ist, um dann deren Missbrauch umso klarer benennen zu können.

5. *Kritik, Analogie* und *Korrelation*: die Prinzipien historisch-kritischer Forschung nach Ernst Troeltsch

> Was genau versteht man unter „historisch-kritischer Forschung"?

Wenn von der historisch-kritischen Forschung bzw. Arbeit die Rede ist, dann ist damit ein Methodenkanon gemeint, der den allermeisten exegetischen Konzepten gemeinsam ist und den man auf den Theologen und Religionsphilosophen Ernst Troeltsch zurückführt. In seinem 1898 erschienen Aufsatz „Über historische und dogmatische Methode in der Theologie"[31] nennt er drei Prinzipien „historischer Kritik": nämlich das Prinzip der Kritik, das der Analogie und das der Korrelation. Wenn man sich die entscheidenden Passagen anschaut, dann merkt man, dass Troeltsch recht ungenau formuliert. Seine Überlegungen formuliert er eher en passant. Das hat zu manchen Problemen mit beigetragen.

---

[31] Nachdruck in: Gerhard Sauter (Hrsg.): Theologie als Wissenschaft. Aufsätze und Thesen, München 1971, 105–127.

6. *Kritik* heißt: Es gibt hinsichtlich der Vergangenheit nur Wahrscheinlichkeitsurteile

Denn natürlich kann man zunächst nicht bestreiten, dass diese Prinzipien von grundsätzlicher Bedeutung und als *Verstehens*prinzipien unabdingbar sind: So kommen wir im Hinblick auf die Vergangenheit ja tatsächlich *erstens* nur zu Wahrscheinlichkeitsurteilen. *Das Prinzip Kritik* meint dann zu Recht, „daß jeder Überlieferung ... erst der Grad der Wahrscheinlichkeit abgemessen werden" muss, „der ihr zukommt"[32]. Da wir in der Gegenwart leben und nicht in der Vergangenheit, ist uns das, was wir behandeln und zu verstehen suchen, nicht unmittelbar zugänglich, nicht unmittelbar gewiss. Wir können noch nicht einmal wissen, ob es wirklich stattgefunden hat, ob sich nicht Fehler und Irrtümer oder gar Fälschungen in den Prozess der Überlieferung von damals bis heute eingeschlichen haben. Für die Beurteilung dieser Fragen gibt es Kriterien, die uns zu einer Urteilsbildung helfen. So war es letzten Endes doch möglich, den Journalisten Kujau einer Fälschung der sog. Hitler-Tagebücher zu überführen.

Rein theoretisch können wir nicht hundertprozentig sicher sein, dass Caesar oder Napoleon oder gar Hitler gelebt haben oder dass wirklich Menschen auf dem Mond gelandet sind. Es könnte ja theoretisch sein, dass alle Nachrichten, die wir darüber jeweils haben, überaus geschickt gefälscht sind und hinter der jeweiligen Geschichtsschreibung eine mächtige Organisation steht, die in der Lage ist, uns informationell total zu manipulieren. Natürlich ist das sehr, sehr unwahrscheinlich, und natürlich gibt es dafür keinerlei Beweise; natürlich ist das reine Spekulation, und darum wäre es auch völlig unwissenschaftlich, entsprechende Behauptungen zu ver-

> Was versteht man in einem historischen Sinn unter „Kritik"?

> Gibt es ein Körnchen Wahrheit beim Prinzip „Kritik"?

---
[32] Ebd., 107.

treten. Nur, ganz ausschließen lässt es sich eben *theoretisch* nicht. Und das ist wichtig, um zu zeigen, dass uns eben prinzipiell – aufgrund des speziellen Charakters geschichtlicher Erkenntnis – nur Wahrscheinlichkeitsurteile möglich sind. Die genannten Beispiele zeigen freilich auch, wie theoretisch, d. h. wie wirklichkeitsfern solch eine Skepsis ist.

> Was versteht man historisch unter dem Prinzip „Analogie"?

> Gibt es ein Körnchen Wahrheit beim Prinzip „Analogie"?

7. *Analogie* heißt: Ich verstehe ein früheres Ereignis nur in Entsprechung zu gegenwärtiger Erfahrung

Wir können nicht anders, als in Entsprechungen zu denken und durch Analogien, also Entsprechungen, zu verstehen. So meint das *Prinzip Analogie* zu Recht, dass das, was „wir vor unseren Augen sehen", das „Mittel" ist, „derartiges auch in dem Überlieferten zu erkennen"[33]. Wir kennen aus heutiger Anschauung und Lebenswelt Menschen und Häuser, Könige und Bäume, Verrat und Liebe, – und wenn wir in den biblischen Texten davon lesen, dann unterstellen wir Entsprechendes für diese Texte, bis wir vielleicht merken, dass wir unsere Anschauungen ja allzu naiv in die Aussagen des Textes eintragen und dass wir sie den Gegebenheiten der Texte annähern müssen; dass Häuser damals spezifisch anders waren als heute, Könige eine andere Macht besaßen, und dass selbst Familie, Ehe etc. anders erlebt und gelebt wurden. Aber bei alledem gilt: Ich brauche immer ein Vorverständnis, das dann präzisiert werden muss; ich kann nicht anders, als in Entsprechungen zu denken und die Vergangenheit zunächst wahrzunehmen und zu verstehen nach Maßgabe dessen, was ich heute kenne, weiß, verstehe.

---

[33] Ebd., 108.

8. *Korrelation* heißt: Ich verstehe ein Ereignis nur in seinem Zusammenhang

Und schließlich ist es genauso richtig, dass ich die Vergangenheit nur verstehen kann, wenn ich sie als einen Zusammenhang von Ursache und Wirkung oder besser Ursachen und Wirkungen begreife, als Ereigniszusammenhang; wenn ich also frage: Was war vorher, was kam nachher?

Und natürlich gehört zum Begreifen einer Geschichte, dass ich frage: Kann man sich eigentlich vorstellen, dass es so abgelaufen ist? Das Prinzip der *Korrelation* meint die Unterstellung, „daß alles Geschehen in einem beständigen korrelativen Zusammenhange steht und notwendig einen Fluß bilden muß"[34]. Anders als so kann man weder die Gegenwart noch die Vergangenheit verstehen. Wenn irgendetwas auf meinem Schreibtisch liegt, dann muss irgendjemand das dahin gelegt haben. Und – leider – bewegt sich mein Poststapel auch nicht von selber weg. Da muss ich schon selber aktiv werden.

Also, das ist festzuhalten: Die historischen Grundbegriffe *Kritik, Analogie* und *Korrelation* sind *insofern* legitim, berechtigt, unverzichtbar, als sie Anleitung zum *Verstehen* des Vergangenen sind. *Problematisch* werden sie, wo sie mehr sein wollen. *Unannehmbar* sind sie, wo aus ihnen nicht nur sog. heuristische, vorläufige Verstehensprinzipien, sondern dogmatische, gemeint ist: unkritische, weltanschauliche Bestimmungen der Wirklichkeit werden.

Genau dies ist aber im Programm sog. historischer Kritik mannigfach realisiert. Die mindestens missverständlichen Prinzipien Troeltschs sind in einer wissenschaftlich nicht verantwortbaren Weise angewendet worden. Das Ergebnis ist eine Sachkritik an der Bibel, die weder theologisch noch wissenschaftlich akzeptabel ist. Dieser unerlaubte Ge-

| Was versteht man historisch unter dem Prinzip „Korrelation"? |

| Gibt es ein Körnchen Wahrheit bei dem Prinzip „Korrelation"? |

---

[34] Ebd., 109.

brauch der Grundeinsichten Troeltschs ist nun im Detail aufzuweisen und zurückzuweisen.

> **Warum ist das „Analogieprinzp" so problematisch?**

9. **Unerlaubter Gebrauch des Analogieprinzips:** Es kann sich früher nur etwas ereignet haben, das wir auch aus unserer heutigen Erfahrung kennen

Aus einem wissenschaftlich (hermeneutisch) sinnvollen Analogiedenken wird eine wissenschaftlich nicht akzeptable Bevormundung der Wahrnehmung, wenn das Prinzip der Analogie zu einer Art Definition von damaliger Wirklichkeit nach Maßgabe der heutigen wird: Es kann dann damals nichts anderes gegeben haben, als wir heute wahrnehmen, kennen und für möglich und wirklich halten.

Es leuchtet einem philosophisch geschulten Verstand sofort ein, dass ein so verstandenes Prinzip der *Analogie* eine unzulässige Verengung dessen nach sich zieht, was möglich sein soll. Warum soll es nicht früher Ereignisse und Wirklichkeiten gegeben haben, die es heute nicht mehr gibt, zu denen es heute keine Entsprechung gibt? Warum soll ich irgendeinen, doch immer nur begrenzten Horizont zum Maßstab dessen machen, was es überhaupt geben kann?

> **Wann führt das Analogiedenken zu Bibelkritik?**

> **Darf ich mein Denken zum Maßstab für die Bibel und Gottes Offenbarung machen?**

Wie wichtig diese Rückfrage ist, zeigt sich vor allem dann, wenn es um die Auferstehung Jesu geht: Nur weil ich heute noch keine Auferstehung erlebt habe oder vielleicht von keiner weiß oder eine solche aus bestimmten Gründen nicht für möglich halte, kann ich doch nicht erklären, dass es eine solche früher nicht gegeben haben *kann*. Hier wird die Wirklichkeit, in diesem Fall die geschichtliche, der Vernunft unterworfen, oder besser *einer* Vernunft, *einem* Denken, das immer begrenzt ist; das immer „meines" ist, immer auf „meiner" begrenzten Erfahrung beruht. Richtig und philosophisch akzeptabel ist nur der umgekehrte Weg: Ich lasse mich in meinem Denken, in meiner Vernunft belehren, meinen begrenzten Horizont erweitern. Das schließt nicht aus, dass ich sehr kritisch zurückfrage: Beruht die Osterbotschaft denn nicht auf einer Sinnestäuschung; ist sie vielleicht ein Betrug der Jünger? Denn so wahrscheinlich ist Ostern ja wirklich nicht. Der Grundsatz, der die Methodik des Denkens bestimmen muss, ist freilich ganz klar: *Mein Denken hat sich an der Realität zu orientieren, an dem, was sich mir verlässlich zeigt, wenn ich unverstellt hinschaue, und nicht umgekehrt.*

10. Unerlaubter Gebrauch des Korrelationsprinzips: Es gibt nur eine in sich geschlossene Wirklichkeit

> Was ist am historischen Korrelationsprinzip so problematisch?

Entsprechendes gilt für das Prinzip der *Korrelation*: Natürlich kann ich etwas nur verstehen, wenn ich versuche, es in den Rahmen eines Ursache-Wirkungszusammenhanges einzuordnen; aber das heißt ja nicht, dass die ganze Welt wirklich ein lückenloser Kausalzusammenhang ist, oder mit Troeltsch in der „*Wechselwirkung*" aller Erscheinungen" besteht. Das würde heute schon die moderne Elementarteilchenphysik bestreiten, die mit sog. kontingenten Ereignissen, die nicht ableitbar sind, ganz grundsätzlich zu rechnen gelernt hat.

Darüber hinaus ist durch solch eine Annahme die Welt in sehr naiver Weise als ein in sich geschlossenes System gedacht. Theologisch schließt ein solches missverstandenes Korrelationsprinzip aus, dass es echte Wunder gibt, – Wunder begriffen als ein Eingreifen „von außen", „von oben", – dass es also Eingriffe und Faktoren gibt, die nicht unserem natürlichen Lebenszusammenhang entsprungen sind.

> Wann und warum schließt historische Kritik Wunder aus?

Solche Wunderkritik ist also naturwissenschaftlich – und was viel wichtiger ist – theologisch völlig unakzeptabel. Sie bevormundet die Texte, weil sie von vornherein ausschließt, was diese durchweg als selbstverständlich voraussetzen.

> Dürfen wir mit Wundern rechnen oder müssen wir diese ausschließen?

Ein Historiker wird natürlich *historisch* begründen müssen, wenn er mit Wundern rechnet. Aber selbst er wird sie nicht grundsätzlich ausschließen können und dürfen, – es wäre töricht und eine unphilosophische Verengung unserer Erkenntnis, ihre Möglichkeit grundsätzlich zu verneinen.[35]

> Worin besteht das Hauptproblem des historischen Prinzips der Kritik?

11. Unerlaubter Gebrauch des Prinzips der Kritik: Es kann keine Gewissheit anderer Wirklichkeit geben[36]

Am schwierigsten ist der Umgang mit dem Prinzip der *Kritik*. Auch hier muss gelten: Ich beschreibe mit ihm meine Erkenntnis-Grenzen, und das muss mich demütig machen. Aber damit ist doch nicht grundsätzlich und überhaupt darüber entschieden, ob es einen gewissen Zugang zu vergangener Wirklichkeit gibt. Es gibt diesen vielleicht nicht von mir aus, aber vielleicht umgekehrt von dieser Wirklichkeit her:

- nicht so, dass ich als wissenschaftliches Subjekt mich dieser Geschichte oder eines bestimmten Ereignisses hundertprozentig versichern könnte, aber vielleicht doch so, dass die „objektiv" erkannte Wirklichkeit mit einem Mal so lebendig wird, dass

---

[35] Das habe ich für das wichtigste und größte aller Wunder, die Auferweckung Jesu, exemplarisch zu zeigen versucht (Die Auferstehung Jesu Christi – eine historische Tatsache? Argumente für den Osterglauben, 2. Aufl. Wuppertal/Zürich 1995, 49 ff.; 59 ff.).

[36] Ich behandle in diesem Abschnitt nicht das Kernproblem der Bibelkritik und der historischen Kritik als Bibelkritik, dass der Mensch sich einen Urteilsstandpunkt über der Bibel als Gottes Wort anmaßt, – sondern das Problem, das vor allem mit dem geschichtswissenschaftlichen Prinzip „Kritik" verbunden ist. Mit demselben Wort „Kritik" können verschiedene Sachverhalte gemeint sein.

sie mich ergreift und verändert; überaus bezeichnend ist in diesem Zusammenhang die Selbstkorrektur, die Paulus Gal 4,9 vornimmt: „Jetzt aber habt ihr Gott erkannt", schreibt er an die Gemeinde in Galatien, die sich von den Göttern zum wahren Gott bekehrt hat, – um sich dann sofort zu verbessern: „vielmehr, ihr seid von Gott erkannt worden!" Gott ist das Subjekt! Gott ist der wahrhaft Handelnde, der diese Beziehung aufgebaut hat. Gott ist derjenige, der sich auf uns bezieht und sich uns vergewissert – unabhängig von dem, wozu wir als Erkennende in der Lage sind;

- sicher nicht bloß historisch, mit den Mitteln historischer Wissenschaft allein, aber vielleicht doch so, dass sich mir durch die historische Wahrnehmung hindurch die Sache des Textes vergewissert. Was nur sehr schwer in abstrakter, philosophischer Begrifflichkeit annäherungsweise auszudrücken ist, ist ja die Regelerfahrung für jeden Christen, der mit der Bibel umgeht: dass das, was er liest, für ihn lebendig wird; dass das scheinbare Objekt seines Studiums, auch seines historischen Arbeitens mit einem Mal zu einem Gegenüber und zu einem Subjekt wird, das ihn anredet und nun ihn zum Objekt macht. Durch die Lektüre der Bibel hindurch entstehen Gewissheiten[37], die ich mir

---

[37] Darauf hat vor allem Adolf Schlatter immer wieder aufmerksam gemacht: „Zum Atheismus kann er (der Wissenschaftler) nur kommen an der Beobachtung des religiösen Geschehens selber. ... wäre es so, daß auch im theologischen Beobachtungsbereich nirgends ein begründetes Gottesbewußtsein entstände, nirgends als – sagen wir einmal: in der Weise, wie Jesus in Gott lebte, hier aber entstände es als unleugbare Wirklichkeit mit einer vom Theologen *die Zustimmung fordernden Macht*: so wäre zwar die Basis und der Inhalt der Theologie klein, aber die atheistische Theologie zerstört." (Atheistische Methoden in der Theologie (1905), hrsg. Von H. Hempelmann, Wuppertal 1985, 14; Hervorhebung von mir).

nicht selber gemacht habe, die mir vielmehr in der Begegnung mit dem Gott, der durch diese Texte zu mir spricht, geschenkt werden.[38]

> Wie passt das zusammen: historische Arbeit an der Bibel und Wirken des Heiligen Geistes durch die Bibel?

Gerade das Prinzip der „Kritik" ist Anlass, sich über die bloß begrenzte Reichweite unserer Erkenntnis Rechenschaft abzulegen.[39] Wissenschaft ist wichtig. Historische, methodische Arbeit an der Bibel ist unverzichtbar. (Ohne sie gäbe es ja noch nicht einmal eine Bibelübersetzung.) Aber Wissenschaft hat eben nur eine begrenzte Reichweite. Sie erschließt die Bibel nur in einer eingegrenzten Weise. Diese Grenzen, die in der Begrenztheit des nur wissenschaftlichen Zugangs begründet liegen, dürfen nie zu den Grenzen an sich, zu den Grenzen des Redens Gottes durch dieses Wort hindurch erklärt werden. Vielmehr gilt gerade im Hinblick auf die bloß wahrscheinlichen Wahrnehmungen aller historischen Arbeit, dass gerade durch sie hindurch sich Gott vergegenwärtigen und mit uns zu seinem Ziel kommen will. Luther hat – ohne direkt wissenschaftliche Arbeit vor Augen zu haben, aber doch im Hinblick auf die Begrenztheit allen menschlichen Erkennens – mit Recht bemerkt: „Was ist kläglicher als Ungewißheit?"[40] „Hebe die verbindlichen theologischen Aussagen auf, und du hast das Christentum aufgehoben."[41] Gegen das Stehenbleiben bei dem, was eine kritische Betrachtung allein ermöglicht, bringt Luther dann den Status und das Gewicht theologischer Erkenntnis, die auf einem Reden Gottes beruht, ins Spiel: „Der Heilige Geist ist kein Skeptiker (scepticus), nicht Zweifel oder subjektive Ansichten

---

[38] Vgl. etwa Martin Luthers Beschreibung seiner reformatorischen Entdeckung (vgl. seine Vorrede zu Band I der lateinischen Schriften der Wittenberger Luther-Ausgabe von 1545).
[39] S. S. 49.
[40] Daß der freie Wille nichts sei ..., 13.
[41] Ebd., 11.

hat er in unsere Herzen geschrieben, sondern verbindliche Aussagen (d. h. bindende Vergewisserungen), die gewisser und unerschütterlicher sind als das Leben selbst und alle Erfahrung."[42] Theologische, incl. historische Arbeit kommt nur und erst dort zum Ziel, wo ihr diese Gewissheit geschenkt wird, wo Sein Geist mit unserem zeugt (vgl. Röm 8, 15–16).

12. Erkenntnis Jesu geht nicht an historischer Arbeit vorbei, aber geht in ihr nicht auf

Gerade eine kritische Untersuchung historischer Arbeit macht also die begrenzte Reichweite von Wissenschaft deutlich. Sie ist notwendig, aber eben nicht hinreichend. Wir kommen nicht ohne sie aus, aber sie ist eben lange nicht alles, noch nicht einmal das Entscheidende. Ich nenne ein Beispiel: So ist natürlich die Auferstehung Jesu aus den Toten zwar eine historische Tatsache; aber sie ist doch auch viel mehr als das. Sie geht doch in der Kategorie der Tatsache nicht auf. Hier hat doch eine Weltenwende stattgefunden, die bis heute nachwirkt und anhält. Hier hat Gott selber eine neue Schöpfung inmitten der alten gestartet. Und zu dieser gibt es einen direkten Zugang. Ich kann zu der historischen Persönlichkeit Jesus Christus, über die mir historisch natürlich nur Wahrscheinlichkeitsaussagen möglich sind, einen persönlichen, mich gewissmachenden Zugang finden. Mit den Mitteln historischer Arbeit komme ich nie über eine historische Skepsis hinaus; mit ihr allein kann ich den „breiten garstigen Graben"[43] zwischen mir und (dem Ereignis) der Ver-

> Warum ist historische Arbeit zwar wichtig, aber eben nur von begrenzter Bedeutung?

> Worin besteht die prinzipielle Grenze historischer Erkenntnis?

---

[42] Ebd., 14.
[43] Die fehlende Sicherheit bloß historischer Erkenntnis – „das ist der garstige breite Graben, über den ich nicht kommen kann, sooft und ernstlich ich auch den Sprung versucht habe. Kann mir jemand hinüberhelfen, der tu' es ; ich bitte ihn, ich beschwöre ihn. Er verdient einen

gangenheit nie überwinden. Ich kann auch im besten Falle historisch nur 99,9 % sicher sein, dass Jesus gelebt hat und auferstanden ist. Rein theoretisch (!) kann ich noch nicht einmal ausschließen, dass alle Zeugnisse über ihn überaus raffiniert gefälscht sind (s. o.).[44] Es gehört zur geistlichen Demut, dass ich hier die – theoretischen – Grenzen meiner menschlichen Einsicht erkenne. Ich stehe als Mensch nicht über der Geschichte; ich bin fixiert auf meine Geschichte, ja auf den flüchtigen Augenblick, in dem ich je und je lebe. Etwas anderes als die Gegenwart ist mir nie und nimmer gewiss und direkt zugänglich – eben weil ich Mensch bin, bloß ein Mensch bin. Damit kann ich freilich einen lebendigen Gott – wenn es ihn denn gibt – nicht in seiner Möglichkeit begrenzen, sich mir zu offenbaren, von sich aus Kontakt zu mir herzustellen und sich mir so zu vergewissern, dass ich an seiner Existenz nicht zweifeln kann und seiner Gegenwart gewiss werde.

13. Die Auferstehung Jesu: (mehr als) eine Tatsache!

So ist der auferstandene Herr und die Auferstehung des Herrn eine Realität, die zwar eine historische Seite, eine historische Perspektive hat („der Herr ist wirklich (!) auferstanden" (Lk 24,34); sie stellt aber eine Wirklichkeit dar, die nicht allein durch historische Erkenntnis erschlossen werden kann, die sich in ihrer wahren Bedeutung erst in der Begegnung mit dem Auferstandenen erschließt. Die Auferstehung Jesu ist ein Ereignis, das zwar ein Ereignis der Ver-

---

Gotteslohn an mir." (Gotthold Ephraim Lessing: Über den Beweis des Geistes und der Kraft, in: ders.: Die Erziehung des Menschengeschlechts und andere Schriften, Stuttgart 1969 (Reclam), 36.)

[44] Das behauptet im übrigen z. Zt. kein ernst zu nehmender Historiker.

gangenheit ist und insofern auch einen „historischen Rand" hat, den man feststellen kann. Gleichzeitig ist sie aber doch viel mehr als eine bloß abgeschlossene vergangene Wirklichkeit; sie umfasst diese vielmehr. Denn der Gott, der Jesus damals aus den Toten auferweckte, lebt auch heute noch und bezieht uns in diese neue Wirklichkeit und neue Welt der Auferstehung mit ein.

So geht die Erkenntnis des auferstandenen Herrn nicht an der historischen Arbeit vorbei, aber eben auch nicht in ihr auf. So kann man von Jesus nichts wissen, wenn man sich nicht auf historische, d. h. methodisch saubere Wahrnehmung der Zeugnisse von ihm einlässt. Aber eben diese historische Arbeit führt doch noch nicht zur Erkenntnis Jesu und d. h. zum Bekenntnis Jesu als des Herrn.

In summa: Wir lehnen nicht historische, wirklich wissenschaftliche, denkerisch durchdachte Arbeit an der Bibel ab. Gott ist ja in unsere Geschichte eingegangen; also müssen wir ihn in ihr auch wahrnehmen können, mindestens insofern er sich historischer Arbeit erschließt. Andernfalls wäre er ja ein wirklichkeitsloses Phantom. Wir lehnen aber sehr wohl eine historisch-kritische Arbeit ab, die eben nicht Wissenschaft, sondern Weltanschauung, die eben nicht Forschung, sondern Ideologie ist; die nicht wahrnehmen will: Hat es Wunder gegeben oder nicht, und was spricht etwa historisch für die Wunderberichte des Neuen Testamentes, – sondern die es von vornherein ganz genau weiß: Wunder, echte Wunder, kontingente Ereignisse kann es nicht gegeben haben; Jesus kann nicht in Raum und Zeit leibhaftig auferstanden sein. Wir lehnen eine historische Kritik ab, die nicht wirklich kritisch ist, also sich einer genauen Beobachtung verschreibt und sich dabei auch selbstkritisch belehren lässt, sondern Kritik versteht im Sinne eines Interesses an der möglichst umfassenden Niederreißung der dogmatischen Inhalte des christlichen Glaubens. Es ist an

> Warum wir historische Kritik grundsätzlich ablehnen, historische Arbeit aber bejahen.

> Warum ist „historisch-kritische Forschung" geschichtswissenschaftlich nicht akzeptabel?

der Zeit, dass sich die Vertreter sog. historischer Kritik von einem solchen in der Tradition der Aufklärung und des Rationalismus gepflegten Interesse losmachen und zu einer nüchternen, objektiven Arbeitsweise kommen.

Historische Kritik im o. g. Sinne ist für uns schließlich auch deshalb nicht akzeptabel, weil sie nicht den Standards und Arbeitsweisen dessen entspricht, was wir im Bereich profaner geschichtswissenschaftlicher Arbeit kennen lernen. Vertreter nichttheologischer Geschichtswissenschaft schütteln immer wieder die Köpfe, wenn sie sehen, mit welchen Voraussetzungen und Methoden im Bereich der akademischen Theologie an deutschen Universitäten angeblich wissenschaftliche historische Arbeit getan wird. Eine Revision dieser Arbeitsweisen würde auf breiter Ebene zu einer weitgehenden Umkehr und Abkehr von Urteilen führen, die die Autorität der Heiligen Schrift in der Vergangenheit untergraben haben.

Ich weise nur darauf hin, dass die verschiedenen Arbeitsweisen, also „Methoden" dazu geführt haben, dass es im Blick auf keine einzige wichtige einleitungswissenschaftliche Frage im Bereich neu- oder alttestamentlicher Wissenschaft einen allgemeinen Konsens gibt.[45] Wie hilfreich, wie vernünftig sind Arbeitsweisen, wenn sie zu solch einem Ergebnischaos führen? Wäre hier nicht dringend eine Methodenrevision angebracht? Sollte man nicht auf das verzichten, was sich als fruchtlos erwiesen hat?

Von der profanen Auslegungslehre ist darüber hinaus in besonderer Weise zu lernen, dass nicht der Ausleger, das „Erkenntnissubjekt", Herr über den

---

[45] Vgl. das erschütternde Resümee, das Peter Stuhlmacher 1971 gezogen hat und das bis heute nichts von seiner Aktualität verloren hat (Thesen zur Methodologie gegenwärtiger Exegese, in: ders.: Schriftauslegung auf dem Wege zu einer biblischen Theologie, Göttingen 1975, 51–58).

Text, das „Erkenntnisobjekt" ist; dass Erkenntnis vielmehr erst dort entsteht, wo ich mich dem unterwerfe und dem demütig und lernbereit gegenüberstehe, was ich erkennen möchte.

c) Wir müssen unterscheiden zwischen einer Sachkritik, die von außen an die Bibel herangetragen wird und sich womöglich auf offenbarungsfremde Quellen stützt, und einer Rückfrage an einzelne biblische Aussagen, die sich auf andere biblische Aussagen und die Offenbarung Gottes selbst bezieht

1. Sachkritik trägt offenbarungsfremde Maßstäbe an die Bibel heran

Ich nenne ein Beispiel für Sachkritik. In der Diskussion etwa um die Gültigkeit biblischer Aussagen zum Thema Homosexualität[46] fällt auf, dass diese Aussagen von vielen nicht akzeptiert werden, weil sie – angeblich – gegenwärtigen humanwissenschaftlichen Erkenntnissen oder aber verbreiteten anthropologischen Überzeugungen widersprechen. Hier wird die Bibel kritisiert auf der Basis von Autoritäten, die nicht offenbarungsbestimmt sind. Eine solche Sachkritik ist Bibelkritik. Sie nimmt nicht ernst, dass die Bibel für uns jeden Wert verliert, wenn wir uns nicht von ihr kritisch infrage stellen lassen, sondern vielmehr das, was uns zu unserem Heil kritisch infrage stellen soll, kritisch hinterfragen und bevormunden.

> Was verstehen wir unter „Sachkritik"?

> Ist Sachkritik an der Bibel auch Bibelkritik?

---

[46] Vgl. als Überblick über die Diskussion H. Hempelmann: Kirche und Homosexualität. Sieben Perspektiven, in: ThBeitr 25. Jg. (1994), 181–191; ders.: Ohne Spannungen leben! Das eindeutige Ja der Orientierungshilfe der EKD zur ethischen und theologischen Legitimität homosexueller Praxis, in: ThBeitr 28. Jg. (1997), 296–304.

2. Offenbarungsbezogene Kritik macht biblisches Denken oder biblische Aussagen zur Basis der Rückfrage an bestimmte biblische Texte

Anders liegt der Fall, wenn man z. B. feststellen muss, dass die in den griechischen Handschriften des Alten Testamentes überlieferte Weltchronik 1440 Jahre kürzer ist als die, die der hebräische Text darbietet. Welche stimmt nun?

> Wie soll man M. Luthers kanonkritische Aussagen bewerten?

Oder wenn Luther die Offenbarung, den Hebräerbrief und den Jakobusbrief in seinen Vorreden zum Neuen Testament schilt, – nicht aus subjektiver Abneigung, sondern weil er sie teilweise nicht in Übereinstimmung sieht mit der Zentralüberzeugung des Neuen Testamentes, die die reformatorische Theologie zusammenfasst im Glaubensgrundsatz der Rechtfertigung des Gottlosen. Natürlich gibt es hier Anlass zur kritischen Rückfrage an Luther, der m. W. n. diese radikalen Urteile in seiner Spätzeit nicht wiederholt hat. Man kann, ja muss man fragen, ob das bei ihm zu Grunde liegende Verständnis der kritisierten Aussagen schlüssig und richtig ist . Natürlich muss man ebenfalls fragen, ob nicht der Grundsatz: die ganze Schrift! (*tota scriptura*) zur Anwendung kommen muss, bevor man eine Gesamtaussage über das wagt, was die Bibel sagt. M. a. W.: Hätte Luther sich nicht erst aus dem Gesamtzeugnis der Bibel einen Maßstab bilden müssen für das, „was die Bibel sagt" – eben auch unter Einbeziehung der kritisierten Bücher? Geht er nicht zu einseitig von Paulus aus und – weil er sich zu einseitig auf Paulus bezieht–von einem einseitig verstandenen Paulus? All diese Rückfragen sind angebracht und vermutlich berechtigt, – aber immerhin ist es (ein Teil der) Offenbarung, der *Bibel selber, die* bei Luther *Grundlage wird für die Kritik anderer biblischer Aussagen*. Auch das ist „Sachkritik", also kritische Infragestellung der Aussage eines biblischen Textes, – aber eine, die doch viel ernster ist und viel ernster genommen zu werden verdient. Sie trägt eben nicht offenbarungsfremde Gesichtspunkte als kritische Messlatte an biblische Aussagen heran, sondern argumentiert von der biblischen Aussage selbst her.

3. Mit empfundenen Spannungen leben und sich durch sie bereichern lassen[47]

Wir werden einerseits die Spannungen nicht übergehen dürfen. Es wäre ja wiederum ein Akt der Unehrlichkeit und auch mangelnder Bibeltreue, nicht jeweils das wahrzunehmen und zu formulieren, was die Bibel uns zeigt. Unser Gott verlangt von uns keine intellektuelle Unredlichkeit, Krümmung, keinen Denkverzicht. Was wäre das für ein Gott, der das nötig hätte? Wäre er die alles bestimmende Wirklichkeit? Andererseits wollen wir uns auch dann, wenn wir vor solchen Problemen stehen, nicht zum Richter aufschwingen. Wie oft hat sich gezeigt, dass sich scheinbar unüberwindliche Gegensätze durch vertieftes Nachdenken oder neue Kenntnisse in Luft aufgelöst haben und gegenstandslos wurden!

> Verlangt Gott von uns Denkverzicht?

> Verlangt Gott von uns die Unterdrückung von Wahrnehmungen an der Bibel, die uns Mühe machen?

Aus Achtung vor der Bibel in allen ihren Teilen übergehen wir keine Spannung und keinen – *für uns* bestehenden – Widerspruch. Aus Achtung vor ihr hüten wir uns aber davor, uns ihr gegenüber – und sei es „nur" der Judasbrief – auf einen Urteilsstandpunkt zu stellen und sie auch nur teilweise zu verwerfen.

> Was machen wir, wenn wir in der Bibel auf Sachverhalte stoßen, die uns „Fehler", „Irrtümer" oder „Widersprüche" zu sein scheinen?

Es ist ja klar, dass jedes Urteil auf einer Auswahl beruhen würde. Diese Auswahl würde aber wiederum auf eigenen, subjektiven Kriterien beruhen, die wir mitbringen und die eben so nicht der *ganzen* Schrift entnommen werden können. Wir wollen lieber mit Spannungen und „Widersprüchen" leben und offen halten, ob diese nicht doch nur für unser

---

[47] Vgl. die Überlegungen S. 18.

> Berechtigt die Wahrnehmung von „Widersprüchen" oder „Spannungen" in der Bibel zu kritischen Stellungnahmen unsererseits?

Denken bestehen, als zu urteilen und dann wegzuschneiden, was dem Anspruch nach eben doch auf Gottes persönliche Offenbarung zurückgeht und uns bereichern kann und soll.

4. Viele behauptete Widersprüche haben sich bei näherem Hinsehen schon aufgelöst

Ich nenne als Beispiel einmal nur den Versuch, gegenwärtige und zukünftige Eschatologie gegeneinander auszuspielen. Man kann im Johannesevangelium ja die erstaunliche Aussage finden, dass bereits vom Tod zum Leben übergegangen ist und nicht ins Gericht kommt (Joh 5,24), wer an Jesus Christus als den Sohn Gottes glaubt. Ist das nicht ein glatter Widerspruch zur Erwartung eines zukünftigen Gerichtes und Weltenrichters? Dieser Widerspruch ergibt sich nur für unser Denken mit einer Zeitein-Teilung, die dem hebräisch-biblisch denkenden Menschen fremd ist. Er kann – m. E. völlig sachgemäß – so nicht trennen. Und ist es nicht richtig, dass sich tatsächlich an meiner gegenwärtigen Haltung Christus gegenüber mein ewiges Heil schon entschieden hat? Das Gericht ist doch kein wirkliches Thema mehr für den, der weiß und für sich in Anspruch nimmt, dass Christus als Lamm Gottes die eigenen Sünden gesühnt hat. Die Beispiele ließen sich leicht vermehren.

5. Der Kern: Wir verzichten auf jede sachkritische Aussage, gleich welcher Art

> Gibt es Gründe, die eine Sachkritik an biblischen Aussagen rechtfertigen könnten?

In summa: wir akzeptieren es nicht nur, sondern halten es für völlig sachgemäß, wenn wir auch unbequeme Beobachtungen formulieren und auch festhalten, wenn uns die Bibel ein spannungsreiches oder auch widerspruchsvolles Gesicht zeigt. Denn genau das hat ja Gott ganz offenbar so gewollt. Auf der anderen Seite vermeiden wir irgendeine sachkritische Stellungnahme, mit der wir uns letzten Endes doch über einen Teil der Bibel, die uns doch in allen Teilen mit dem Anspruch letztgültiger Offenbarung begegnet, überheben würden. Wir wollen das, was wir wahrnehmen, lieber demütig aushalten und uns für spätere Lösungen offenhalten. Das fällt umso leichter, als die Bibel in den wesentlichen Fragen klar und eindeutig ist.

d) Wir müssen unterscheiden zwischen einer liberalen und einer frommen Bibelkritik

1. Liberale Bibelkritik geht von weltanschaulichen, darum wissenschaftlich nicht zu rechtfertigenden Voraussetzungen aus

> Darf man „liberale" und sog. „fromme" Bibelkritik in einen Topf werfen?

Eine sog. liberale Bibelkritik liegt vor, wenn Ausleger sich nicht gebunden wissen an die Autorität des lebendigen Gottes, sich dafür an andere weltanschauliche oder religiöse Autoritäten binden. Das Wort „liberal" ist nicht angemessen, aber eben eingeführt. Solche liberale Sachkritik ist etwa dann gegeben, wenn man sagt, dass die Leidensweissagungen des irdischen Jesus in den Evangelien erst nachösterlichen Ursprungs sein können, weil Jesus eben seinen Tod nicht habe vorhersehen können. Das ist schon historisch Unsinn (Jesus musste als nüchtern denkender Mensch damit rechnen, dass sein Wirken ihn in einen Gegensatz zu den Autoritäten des jüdischen Volkes führte, der tödlich sein konnte). Das ist aber eben auch und vor allem theologisch und wissenschaftlich Unsinn und nicht haltbar. Voraussetzung dieser Annahme ist ja: Jesus ist nur Mensch und nichts anderes. Mit dieser Annahme bezieht man nicht etwa keine, sondern eine ebenfalls sehr dezidierte weltanschauliche Position. Diese weltanschauliche Annahme über den Charakter Jesu

> Was verstehen wir unter „liberaler Bibelkritik"? Ein Beispiel?

wird dann zur Basis eines „wissenschaftlichen" Urteils.

Zum anderen, und das ist ebenso bedenklich, setzt man sich mit dieser Voraussetzung in einen zentralen Gegensatz zu dem Gegenstand, den man erforschen will. Eine solche weltanschauliche Voraussetzung kann geradezu zum Zensor werden für das, was Jesus wirklich gesagt und was er wirklich getan hat bzw. haben darf.

In ähnlicher Richtung weist die Vorgabe, die Evangelien könnten erst nach 70 n. Chr., also nach der Zerstörung des Jerusalemer Tempels entstanden sein. Wenn das damit begründet wird, Jesus habe diesen Untergang nicht vorhersehen können und also handele es sich bei den entsprechenden Passagen in den Evangelien um nachösterliche Erfindungen der ersten Christenheit, dann liegt hier wiederum kein wissenschaftliches, sondern ein weltanschauliches Urteil vor.

2. „Fromme Bibelkritik" wertet unzeitgemäße Aussagen als zeitbedingt ab oder übergeht sie einfach

> Was verstehen wir unter „frommer" Bibelkritik?

Wichtig ist nun, dass es nicht nur eine liberale, sondern auch eine „fromme" Bibelkritik gibt – besser: eine scheinbar fromme, denn fromm ist ja eigentlich die Hingabe des Lebens und Denkens an Gott. Wichtig ist, dass wir erkennen, dass jeder Mensch, auch der Christ, in der ständigen Gefahr steht, Gottes Wort zu bevormunden, es sich möglichst einfach zu machen, es seinem eigenen Denken und Leben anzupassen. Ich nenne ein paar Beispiele:

- Es ist auch unter Christen durchaus üblich, bestimmte Teile bzw. Aussagen der Bibel als zeitbedingt, überholt o. ä. für sich unwirksam zu machen. Dass Paulus sich 1. Kor 11,6 gegen das Geschorensein der Frauen wendet, also kritisiert, wenn Frauen kurze Haare haben, interessiert heute auch die allermeisten evangelikalen Christen nicht mehr. Eine theologische Begründung für diese Haltung wird selten gegeben. In der Regel trifft man auf ein Achselzucken. Was Paulus hier und andernorts zur Frauenfrage sagt, gilt als zeitbedingt und damit als erledigt.

- Was er zur Rechtfertigung und zum Sühnetod Jesu schreibt, ist uns dagegen absolute Norm. Das Motiv für diese Unterscheidung liegt auf der Hand: Das eine ist zeitgemäß, entspricht mindestens noch evangelikal-pietistischer Grundüberzeugung; das andere erscheint auch in unseren Kreisen vielfach als anachronistisch, vorgestrig, grundsätzlich nicht mehr diskutabel. Nur, wer berechtigt uns zu dieser Unterscheidung? Machen wir nicht uns selbst mit unserem Denken und Empfinden zum Maßstab für das, was bei Paulus akzeptabel ist und was nicht; was wir akzeptieren wollen und was nicht; was normative Kraft haben soll und was nicht? Bei Schleier und Haarlänge sagt Paulus selbst, dass dies nicht Fragen sind, um die zu streiten wäre (1. Kor 11,16). Die Frage nach dem Haupt-Sein des Mannes für die Frau, grundsätzlich des Verhältnisses und der Ethik der Geschlechter hat da schon ein größeres Gewicht.

> Warum ist die Unterscheidung zwischen „zeitbedingt" und „nicht zeitbedingt" problematisch?

3. „Fromme" Bibelkritik liegt auch dann vor, wenn Christen sich selbst zum Maßstab für das machen, was in der Bibel weiter gültig ist

Ein anderes praktisches Beispiel ist das Verbot, von Ersticktem (Apg. 15,20), also z. B. Blutwurst zu essen, das ebenfalls viele Christen souverän, aber ohne Begründung übergehen. Nun kann man natürlich wieder sagen, dass das relativ unwichtige Nebenfragen sind. Aber auch hier geht es ums Prinzip. An solchen Kleinigkeiten wird eben deutlich, wie wir uns grundsätzlich orientieren. Und das hat dann

Signalwirkung. Und wer unterscheidet im Endeffekt zwischen Neben- und Hauptfragen? Ist nicht auch das absolute Verbot der Ehescheidung durch Jesus, wie es etwa Markus und Paulus bringen, ebenfalls schon mancherorts Verhandlungsmasse?

4. „Zeitbedingt", „zeitbezogen" und „zeitgemäß" sind zu unterscheiden

> Gibt es irgendeinen Satz in der Bibel, der heute nicht mehr gültig ist?

Ich glaube, dass jeder Satz der Bibel bis heute gültig ist; dass es keinen gibt, der zeitbedingt, also heute nicht mehr wichtig oder richtig sei. Es ist sehr wohl zu zeigen, inwiefern das Verbot von Ersticktem oder die Anweisung des Paulus in 1. Kor 11/Eph 5,25 ff. heute von großem theologischem Belang und geistlichem Gewinn sind. Aber das erkennt man erst, wenn man um diese Aussagen ringt und sie nicht umgeht. So werden in Apg 15,20 den unter den Judenchristen lebenden Heidenchristen mit dem Verbot von Götzen, von Unzucht und von Ersticktem exakt die Weisungen gegeben, die nach Lev (3. Mose) 17/18 für Fremde und Gäste gelten, die inmitten des heiligen, alttestamentlichen Gottesvolkes leben. Mit dieser zeitbezogenen Exegese, die diese Weisung auf die damaligen Verhältnisse der Urgemeinde bezieht und sie nicht als zeitbedingtes Relikt abtut, das womöglich nur den Besuch beim Metzger kompliziert, ist aber doch nun ein nicht unerheblicher theologischer Gewinn verbunden. Zum einen wird der Platz der Heidenchristen inmitten der Judenchristen in einer Weise bestimmt, die der Verhältnisbestimmung von Paulus nach Römer 9–11 exakt entspricht. Zum zweiten ist klar, dass diese konkreten Weisungen sich auf die spezielle Situation des Zusammenlebens von Juden- und Heidenchristen bezieht, die heute i. d. R. nicht gegeben ist, aber immerhin erneut aktuell werden kann. (Stichwort: Gemeinden von „messianischen Juden") Schließlich finden wir noch ein lehrreiches ethisches Beispiel dafür, wie Christen einander entgegenkommen,- so werden den Heidenchristen – trotz der Sorge der Judenchristen um ihre Reinheit/Heiligkeit – ja keine anderen Auflagen gemacht.

Dass die Aussagen des Paulus zum Verhältnis von Mann und Frau zwar nicht zeitgemäß, ja höchst unbequem und gemessen am „mainstream" unerhört sind, bedeutet nicht, dass wir sie als zeitbedingt abtun dürften. An anderer Stelle[48] haben wir ja bereits erarbeitet, welche aktuelle Bedeutung ihnen gerade heute für unsere Gemeinden und selbst für unsere Gesellschaft zukommt.

> Was ist der Unterschied zwischen „zeitbedingt", „zeitgemäß" und „zeitbezogen"?

5. „Fromme" Bibelkritik liegt auch dann vor, wenn Christen biblischen Texten eine Aussage oder Aussageabsicht unterstellen, die diese nicht besitzen

Ich nenne ein Beispiel und packe damit ein heißes Eisen an: Das Thema Evolutionstheorie und Schöpfungsglauben. Ich sage vorneweg: Ich kann mir aus theologischen Gründen nicht recht vorstellen, wie Schöpfung und Evolution zusammenpassen sollen. Soll der Gott, der Liebe ist (1. Joh 4,8.16), durch die furchtbaren Mechanismen der Selektion und Mutation, des *„survival of the fittest"*, diese Welt hervorgebracht haben? Also, Liebenzell lehrt nicht die Evolution. Es gibt zwar nicht bloß „die" eine Evolutionstheorie, sondern sehr viele unterschiedliche Theorieansätze. Aber das ihnen gemeinsame Prinzip ist theologisch völlig inakzeptabel.

> Ist die Evolutionstheorie „biblisch"?

Aber es ist auch nicht sachgemäß, als *allein möglich* eine 6-Tage-Schöpfung, also eine 6x24-Stunden-, also eine 6x24x60-Sekunden-Schöpfung zu vertreten. Wenn wir die Genesis so lesen, tragen wir nicht nur unser modernes Zeitverständnis und

---

[48] S. Anm. 9.

eine wissenschaftliche Aussage in sie hinein und unterstellen ihr einen Aussagewillen, den sie gar nicht hat, nicht haben konnte!, – und das ist Bevormundung. Wir übersehen auch exegetisch, dass die Erdentage erst am vierten Schöpfungstag geschaffen werden. Tag, hebr. *jom*, meint schlicht zunächst einmal beides: Tag und Zeiteinheit. Wer an dieser Stelle die Bibel ohne Not in einen letzten Gegensatz zu heute vertretener Kosmologie (Weltentstehungslehre) bringt, handelt nicht unproblematisch, weil er ihr eine Aussage vorschreibt, die sie nicht hat.

Selbstverständlich gilt für uns in Liebenzell: (1) wenn Gott es wollte, könnte er die Welt in sechs Tagen, ja in sechs Sekunden geschaffen haben. Das ist keine Frage. Die Frage, um die es hier geht, ist, ob das die Bibel behauptet; (2) dass manche Wissenschaftler aus ihren Theorien, die teilweise nur den Status von schwach begründeten Hypothesen haben, eine evolutive Weltanschauung ableiten, verdient unseren entschiedenen Widerspruch. Wissenschaft, die bei ihrer Sache bleibt und ihre Grenzen respektiert, kann und darf nicht zur Weltanschauung werden. Es gibt eine Reihe von Vertretern evolutionstheoretischer Konzepte (*die* Evolutionstheorie gibt es genauso wenig wie *die* historisch-kritische Forschung), die diese Grenze nicht beachten, etwa von Selbstorganisation der Materie sprechen und damit dann womöglich den Eindruck erwecken, die Materie (die Natur etc.) habe sich selbst entwickelt. Sie setzen sich damit nicht nur in einen Gegensatz zum biblischen Schöpfungsglauben, werden also weltanschaulich. Sie bleiben auch die Auskunft schuldig, wer das denn eigentlich sei: die Materie, die Natur, die da das Leben, den Menschen so aktiv hervorgebracht haben. Dies ist schlicht eine moderne Mythologie, nicht aber Wissenschaft.

6. „Gemäßigte Bibelkritik" – der goldene Mittelweg?

Die Bibel macht uns in vielem Mühe. Man kann fragen – und viele orientieren sich auch theologisch entsprechend –, ob nicht eine Art „gemäßigte bibelkritische Haltung" einen goldenen Mittelweg darstellt:

> Ist eine gemäßigte Bibelkritik akzeptabel?

- Die Bibel ist in der Substanz Gottes Wort; in ihrer Mitte akzeptieren wir sie; sie ist der sichere Heilsweg,- aber etwa in ihren anthropologischen Aussagen, z. B. zum Verhältnis der Geschlechter erscheint sie uns nicht mehr akzeptabel; hier folgen wir ihr nicht mehr, aber hier handelt es sich ja auch nicht um die Hauptsache.

- Wäre das nicht der goldene Mittelweg zwischen einer fundamentalistischen Haltung zur Bibel und einer (radikal) bibelkritischen, die sie auch in zentralen Aussagen bevormundet?

Wer dem Gang der Überlegungen bisher gefolgt ist, weiß, dass unsere Antwort auf diese Fragen nur ein eindeutiges Nein sein kann. Ich begründe und differenziere:

1. Meiner Einschätzung nach nehmen viele Christen die oben beschriebene Haltung zur Heiligen Schrift ein. Wir sprechen ihnen ihr Christ-Sein natürlich nicht ab, aber wir teilen ihre Hermeneutik nicht;

2. Wir können auch von Theologen, die eine gemäßigte Bibelkritik vertreten, sehr viel lernen, – wie übrigens auch von solchen, die sich in der Tradition der Aufklärung radikal und ausdrücklich bibelkritisch geben.

3. Die Probleme beginnen mit der Bezeichnung

> Aus welchen Gründen lehnen wir eine sog. „gemäßigte Bibelkritik" ab?

„gemäßigte Bibelkritik", die suggeriert, dass hier eine theoretische, dritte Mittelposition zwischen Bibeltreue und Bibelkritik möglich sei. Gemäßigte Bibelkritik – das ist aber so ähnlich wie „ich bin schwanger, aber nur ein bißchen".

4. Uns liegt alles daran, die Texte, in denen uns der Anspruch begegnet, dass uns der lebendige Gott durch sie begegnet, in gar keiner Weise zu bevormunden, sondern sie sagen zu lassen, was sie wollen und uns nach präziser, sorgfältiger, hermeneutisch reflektierter Arbeit dem als normativ zu stellen, was sie uns als Gottes Wort und Willen sagen. Das gilt ohne Einschränkung.

5. Die Geschichte der Kirche und d. h. der Gemeinde Jesu zeigt: Was heute unantastbare Substanz ist, kann morgen zum beliebigen Rand werden. Wir denken nur an den Streit um die Sühnebedeutung des Todes Jesu, der heute inmitten der Kirche tobt, vor drei Jahrzehnten in dieser Form aber noch undenkbar gewesen wäre. Die Maßstäbe für Kern und Rand können sich verschieben; hier gilt es, jedem Subjektivismus zu wehren, der in eine Beliebigkeit führt, die uns im Endeffekt die Bibel als autoritatives, normatives Gegenüber nimmt.[49]

> Gibt es Aussagen in der Bibel, etwa im Alten Testament, die für uns heute nicht mehr gültig sind?

6. Die Bibel leitet uns selbst zu einer biblischen Hermeneutik und d. h. zu einem hermeneutisch reflektierten Umgang mit ihr an.[50] Wir sind nicht verpflichtet, uns beschneiden zu lassen und auf dem Zion Opfer darzubringen für unsere Sünden. Wer Jesu Umgang mit der Schrift, mit dem Gesetz und den Propheten, wer die Lektüre der Schrift durch den Hebräerbrief ernst nimmt, findet hier

---

[49] Vgl. zur ausführlichen Begründung vom Vf.: Die Heilige Schrift als Quelle theologischer Grundentscheidungen, Liebenzell 1999 (BITS; Nr. 3).
[50] S. S. 113!

eine Hermeneutik vorgezeichnet, für die jeder Buchstabe selbst und gerade der Kultordnungen des sog. Alten Testamentes Gottes Wort *ist* und dennoch nach der Kreuzigung eine grundlegend andere Bedeutung haben als vorher.

7. Die Abwehr einer sog. „gemäßigten Bibelkritik", die die Bibel da stehen lässt, wo sie ihr von zentraler Bedeutung zu sein scheint, sie aber ignorieren möchte, wo sie ihr überholt zu sein scheint, lehnen wir wegen der logischen Inkonsistenz und Inkonsequenz ab (indem wir darüber entscheiden, wo die Bibel normativ sein darf und wo nicht, machen *wir* uns letztlich zum Richter über *sie* und nehmen ihr den Charakter eines autoritativen Gegenübers). Wie die Stellungnahmen zum Wirken des Heiligen Geistes und zur Stellung der Frau in der Gemeinde zeigen,[51] sind wir bereit, dabei auch Positionen zu beziehen, die unbequem sind, konservativen Traditionen und emanzipativen Ansätzen widersprechen, wenn wir meinen, dem Gesamtzeugnis der Heiligen Schrift nicht anders entsprechen zu können. Hier zeigt sich an theologischen Themen, dass und wie wenig wir bereit sind, die Position einer sog. „gemäßigten Bibelkritik" zu vertreten.

---

[51] Vgl. die in Anm. 9 genannten Veröffentlichungen.

III Spannungsfelder

Es kann helfen, wenn wir uns wenigstens einige der Herausforderungen vergegenwärtigen, vor denen eine Theologie steht, die bibeltreu sein will, d. h., die das *allein die Schrift!* (*sola scriptura*) der Reformation zu ihrem Maßstab machen will.

a) Bibeltreue, schriftgebundene Theologie muss die nicht auflösbare Spannung zwischen Glauben und Wissen, promissionalem, also verheißungsorientiertem, und wissenschaftlichem Umgang mit der Bibel aushalten

1. „Die Bibel ist Gottes Wort" – ein dem Menschen nicht mögliches Urteil

> Warum sind uns alle Urteile über die Bibel verboten?

„Die Bibel ist das Wort Gottes." Genau genommen und provokativ formuliert ist das ein bibelkritischer Satz. Denn hier fällt ja jemand ein (logisches) Urteil über die Bibel der Art: *x kommt (nicht) die Qualität/die Eigenschaft y zu*. Auch mit der Aussage „die Bibel ist (nicht) x" stellt sich jemand über die Bibel und kategorisiert sie.

Ein solches Urteil über die Qualität der Bibel wäre nur dem möglich, der über der Bibel steht und der die Kompetenz hätte, sie einzuschätzen. Auch mit einem solchen Urteil maßt sich jemand einen Standort *über* ihr an und beansprucht, das, genau das beurteilen, einschätzen und beweisen zu können, ob sie Gottes Wort ist – oder nicht. Genau genommen kann das aber doch nur *Gott* beurteilen und wird nur er es beweisen können (und beweist es ja immer neu und in einem fort): Die Bibel ist das Wort Gottes. Uns als *Menschen* ist dieser Satz – streng genommen – versperrt, wenn wir unsere Grenzen und Bedingtheiten als Menschen akzeptieren. – Im Übrigen gilt: Wer hier so urteilt, sich Urteilskompetenz anmaßt, *der urteilt in einem anderen Fall vielleicht auch anders.*[52] Es ist von grundsätzlicher Bedeutung zu sehen, dass wir uns jedes Urteils über Gott zu enthalten haben (vgl. Röm 9,19–21!) Was wir sehen ist: Die biblischen Schriften beanspruchen, direkt oder indirekt auf ein Reden und Wirken Gottes zurückzugehen, sie beanspruchen auf vielerlei Weise, Wort Gottes zu sein. Was *wir* beurteilen können ist dies: Wir stehen in der Bibel vor dem *Anspruch,* Wort Gottes zu sein. Ob sie es ganz und wirklich ist, ob hinter ihr tatsächlich der lebendige Gott steht, der Gott, der sich weltweit durchsetzt, das können *wir* nicht entscheiden.

Was ist der Nutzwert dieser doch etwas theoretisch anmutenden, mehr philosophischen Überlegungen? Ist denn nicht klar, dass die Bibel Gottes Wort ist? Natürlich, selbstverständlich steht das für uns fest. Aber – auf die Haltung kommt es an, in der wir das sagen: Wenn wir von der Bibel als Gottes Wort reden, stehen wir dann über ihr, oder knien wir vor ihr? Urteilen wir dann über sie, oder beten wir sie an? Im Rahmen einer Hermeneutik der Demut muss es ein Anliegen sein, wenn möglich alle Reste eines cartesianischen Urteilsstandpunktes[53] auszumerzen

> Warum sind menschliche Urteile über Gottes Wort so gefährlich?

> Wie wirkt sich heidnisches Denken in unserer *Haltung* zur Heiligen Schrift aus?

> In welcher Haltung reden wir allein richtig von der Bibel?

---

[52] Wer sich ein Urteil über die Bibel anmaßt – und sei es ein positives –, der sitzt in einem Boot mit der Bibelkritik.

[53] Cartesianisch heißt: nach Art des Philosophen René Descartes (lateinischer Name Cartesius, davon cartesianisch). Descartes gilt als (einer) der Bergründer neuzeitlicher Philosophie und als rationalistischer Philosoph schlechthin. Er beurteilte alles von seinem denkenden Ich her und machte es zum absoluten Maßstab für alles andere – die Richtigkeit von Wissenschaft, Logik, Mathematik, der Existenz Gottes und des eigenen Ichs inclusive! Diese Haltung, mit der man alles am eigenen Ich und seinem Denken misst, nennt man cartesianischer Urteilsstandpunkt. Das Ich überhebt sich über alles. Auch wenn ein Christ nicht bestreiten wird, dass es notwendig ist, alles zu prüfen und das Gute festzuhalten (1. Thess 5,21; vgl. Phil 1,10), so wird er doch um die Begrenztheit des eigenen Verstan-

und den, der die Bibel glaubend, vertrauend und hoffend liest, konsequent in die richtige Haltung zu ihr zu bringen. Noch einmal: Die Bibel ist Gottes Wort! Selbstverständlich! Dieses Urteil über sie steht uns zwar nicht zu; dieses Bekenntnis steht uns dagegen sehr wohl an. Ein Satz kann also sehr verschieden gemeint sein. Man kann ihn stehend oder kniend sagen. Die Haltung entscheidet über seinen Inhalt. Wir können über die Bibel nicht abstrakt, losgelöst, uns über sie erhebend reden. Wir kommen immer schon von ihr her; wir verdanken ihr ja alles, was unser geistliches Leben ausmacht.

> Ist die Bibel Gottes Wort?

Damit ist klar, dass mit diesen Überlegungen in keiner Weise in Zweifel steht, *dass* die Bibel Gottes Wort ist. Genau das ist ja die Basis für alle Überlegungen, die ich hier vorlege. Aber ich möchte abermals sensibilisieren für die Frage, vor die die Anekdote über Schlatter so meisterhaft stellt: Wir können es noch so gut meinen, aber wir müssen uns fragen lassen: Stehen wir mit dem, was wir sagen noch unter der Schrift, oder haben wir uns über sie erhoben?

Damit stellt sich die Frage, wie eine Hermeneutik der Demut über die Bibel spricht; wie sie sich zur Bibel als Wort Gottes stellen kann, ohne sich über sie zu stellen.

Die Bibel ist Gottes Wort! Mit diesem Bekenntnis stellen wir uns in die gesamte Geschichte der Gemeinde Jesu hinein und d.h. in die Geschichte unzählbar großer Bewährung dieses Satzes, in die Gemeinschaft derer, die das unzählbar oft erfahren haben und bekennen!

---

des wissen und sich nicht so maßlos überheben. Ein Urteil über Gott (und sein Wort) kommt uns nicht zu. Noch einmal: Wir stehen nicht auf bzw. über der Schrift, sondern unter ihr (vgl. meine beiden Artikel Descartes, René [ELTHG I, 417–419] und Kritik/Krititzismus [ELTHG II, 1185 f.]).

2. „Die Bibel ist Gottes Wort" – unser Bekenntnis

Die Bibel ist Gottes Wort. Das steht uns zwar nicht als logisches Urteil zu. Aber das ist doch das einzige Bekenntnis, das einem Christen möglich ist, dem sie zum Lebensbuch geworden ist. Die Bibel ist Gottes Wort – das ist Bekenntnis- und unzählbar oft bewährter Erfahrungssatz.

> Worin zeigt sich vor allem, dass die Bibel Gottes Wort ist?

Da gibt es das Zeugnis der fast 2000 Jahre alten Gemeinde Jesu und darüber hinaus auch die Glaubenserfahrung des jüdischen Volkes, die sich ja teilweise schon in den Büchern der Bibel niedergeschlagen hat. M. a. W., wir erfahren es eben immer neu, dass Gott durch die Bibel zu uns spricht, dass er sie benutzt, um seine Gemeinde zu erneuern, Menschen zu sich zu rufen und zu korrigieren – von der Erfüllung zahlloser Weissagungen ganz abgesehen. So erfahren wir die Bibel nicht nur des Alten, sondern auch des Neuen Testamentes selbst als das *prophetische Wort, auf das zu achten wir gut tun* (2. Petr 1,21), *das nützlich ist zur Belehrung, zur Überführung, zur Zurechtweisung, zur Unterweisung in der Gerechtigkeit* (2. Tim 3,16). Die praktisch-pragmatische Abzweckung der beiden klassischen Belegstellen zur Schriftlehre ist deutlich: ... *damit der Mensch Gottes vollkommen sei, zu jedem guten Werk völlig zugerüstet*. Das Wort-Gottes-Sein der Bibel im Sinne eines logischen Prädikates, einer der Bibel systematisch-theologisch zuzuschreibenden Eigenschaft ist nicht Gegenstand dessen, was zu beurteilen wir die Macht oder Fähigkeit hätten. Darauf kommt es in diesen Stellen auch überhaupt nicht an. Was wir hier sehen und was dagegen sehr wohl beobachtbar und erfahrbar ist und was die Hoch- und Wertschätzung der Bibel in nahezu allen Zeiten der Kirchengeschichte auch begründet hat, ist ihre Wirkung: Der Beweis des Geistes und der Kraft (1. Kor 2,4). Durch sie hindurch zeigt das Evangelium sich als *dynamis tou theou* (Röm 1,16), modern gesprochen: seine *power*, seine *Dynamik*.

> Können wir *beweisen*, dass die Bibel Gottes Wort ist?

> Wann wird alle Welt erkennen, dass die Bibel Gottes Wort ist?

„Alles, was zuvor geschrieben ist, ist zu unserer Belehrung geschrieben, *damit wir durch das Ausharren und die Ermutigung der Schriften die Hoffnung haben*" (Röm 15,4). Das ist die *zentral pragmatische, auf Praxis und Bewährung abzielende* Dimension der Skriptologie der Heiligen Schrift selber. *Wir können das Wort-Gottes-Sein der Bibel nicht logisch beweisen*[54]*, aber wir erfahren es immer neu – und andere nehmen es an uns wahr (vgl. 2. Kor 3,2 f.) –, weil sie lebendiges, Leben schaffendes Wort ist*: Für eine bibeltreue, schriftgebundene Auslegung ergibt sich aus dieser Einsicht, dass wir der Bibel mit einem kaum oder nicht aufzuzehrenden Vertrauensvorsprung begegnen. „Promissional", verheißungsorientiert heißt: Wir erwarten wirklich alles davon, dass Gott durch die biblischen Schriften zu uns spricht, und wir vermeiden darum alles, was sein Reden und unser Hören beeinträchtigen könnte.

Wir bekennen: Die Bibel ist Gottes Wort. Auch wenn wir das nicht beweisen, nicht beurteilen können, so können wir es doch bestätigen und die Wahrheit dieser Aussage in unserem Leben bewähren. Die endgültige Bewahrheitung bleibt Gott selbst bei seinem end-lichen Erscheinen vorbehalten (vgl. 1. Kor 15,20–28). Dann wird der Sohn den Vater und der Vater den Sohn ins Recht setzen, und es

---

[54] Natürlich kann man zum Beleg etwa auf die klassischen, zitierten Bibelstellen 2. Tim 3,16 und 2. Petr 1,21 hinweisen. *Rein logisch gesehen* haben diese Aussagen aber nur Beweiskraft, wenn eben feststeht, dass sie Gottes Wort sind. Genau das war aber zu beweisen. Wer die Autorität der Bibel unter Rückgriff auf biblische Aussagen zu belegen sucht, argumentiert logisch gesehen zirkulär. Dass wir es trotzdem tun (und in Liebenzell auch so lehren) hat dennoch einen guten Grund. Wir nennen mit diesen Belegen die Basis, die uns trägt, und die Grundsätze, von denen wir in unserem Denken ausgehen. Wir „bekennen" uns dazu und rechnen damit, dass sich diese Grund-Sätze in unserem Leben und durch unser Denken und Erkennen weiter bestätigen.

wird sich eben zeigen, dass wir in der Heiligen Schrift einen verlässlichen Führer zu diesem Herrn der Geschichte der ganzen Welt besessen haben.

b) Wenn wir Spannungen oder gar „Widersprüche" zu beobachten meinen, dann halten wir diese aus und erwarten, dass sich diese in der Zeit oder aber in der Ewigkeit klären werden

Wahrscheinlich stehen wir hier vor einer der sensibelsten Fragen im Umgang mit der Heiligen Schrift.[55] Hier zeigt sich vielleicht am besten, was wir unter „Bibeltreue" verstehen und welche Auswirkungen unsere bibeltreue Haltung auf den Umgang mit der Heiligen Schrift hat.

Wenn wir auf historische oder sachliche Schwierigkeiten, Unstimmigkeiten, Spannungen, Widersprüche stoßen, dann halten wir uns an folgende Grundsätze:

> Wie geht ihr mit „Spannungen", „Widersprüchen" in der Bibel um?

1. Wir opfern nicht unsern Verstand

Wir opfern nicht unsern Verstand. Was wäre das für ein Gott, der nur überleben kann, wenn wir bestimmte Wahrnehmungen oder Beobachtungen unterdrücken! Was wäre das für ein Glaube, der nur bestehen kann, wenn wir ihn vor bestimmten Wahrnehmungen und kritischen Rückfragen schützen! Gott ist der Herr der Welt. Er fordert von uns, dass wir ihn erkennen und suchen sollen. Weil er die alles bestimmende Wirklichkeit ist, deshalb dürfen auch davon ausgehen, dass wir auf ihn und auf sein geschichts- wie schöpfungsmächtiges Handeln stoßen, wenn wir nur genau genug und richtig hinschauen. Altes und Neues Testament verbinden die Frage der Wahrnehmbarkeit Gottes und seines Handelns aufs

> Wenn es um Gott geht, müssen wir dann nicht unseren Verstand abschalten, zur Not opfern?

---

[55] Vgl. S.17,18,63!

Engste mit seiner Gottheit und Göttlichkeit und Herrschaft über alle Götter. Gott will nicht, dass wir um seinetwillen unsern Verstand abschalten oder „runterschalten"; er will nicht, dass wir Angst haben vor Wahrnehmungen. Damit würden wir seiner Größe nicht gerecht, und damit würden wir ihn auf gar keinen Fall ehren. Wir stellen also fest, was wir sehen, und wir verleugnen das nicht, auch wenn wir damit Probleme haben.

2. Wir werden gelassen angesichts der vielfachen Bewährung der Bibel

Wir halten auch Wahrnehmungen aus, die uns nicht passen oder nicht in unser Bild von der Bibel passen oder in einem Widerspruch, mindestens in einer Spannung zu anderen biblischen Aussagen bzw. Sachverhalten zu stehen scheinen. Denn wir kommen her von der überwältigenden Erfahrung der Bewährung der Bibel in historischer, archäologischer, anthropologischer, last but not least geistlicher Hinsicht. Im Entscheidenden ist die Bibel zuverlässig, ganz gleich, was wir im Lauf der Zeit an immer neuen Fragen an sie und zu ihr haben. Und dann *gilt* doch: Wir wissen doch nicht einfach nichts über sie. Es kann doch nicht so sein, dass uns „Widersprüche" oder „Fehler", die wir wahrzunehmen meinen, ernsthaft in unserer Haltung zu ihr erschüttern können. Dazu hat sie sich doch viel zu oft als Wort Gottes bewährt; dazu haben wir doch viel zu oft aus ihr die lebendig machende Stimme des Evangeliums gehört. Davon kommen wir her, und damit rechnen wir weiter. Das steht also auch nicht in Frage, wenn wir ein Problem mit ihr haben.

> Ist die Vertrauenswürdigkeit der Bibel nicht dahin, wenn wir in ihr auch nur einen Fehler, eine offene Frage, ein Problem finden?

Es kann ja z. B. sein, dass wir Fragen haben, wie wir die verschiedenen Osterberichte in eine Reihenfolge bringen können. Aber ob uns das gelingt oder nicht, hat ja nun gar nichts mit der Frage zu tun, ob Ostern selbst stattgefunden hat und die Osterberichte grundsätzlich außerordentlich vertrauenswürdig sind.[56]

3. Wir arbeiten an der Bibel verheißungsorientiert

Die bisherige Bewährung lässt uns ruhig sein und darauf vertrauen, dass sich Fragen, die wir mit der Bibel und an sie haben, in der Zeit oder vielleicht auch erst in der Ewigkeit lösen werden. D. h. wir schauen die Bibel promissional, verheißungsorientiert an. Auch da, wo wir Fragen an sie haben, wo wir einen Widerspruch nicht auflösen können, wo sich ein echter Konflikt etwa auch zwischen einer für unser wissenschaftliches Denken selbstverständlichen Überzeugung einerseits und einer biblischen Überzeugung andererseits ergibt, arbeiten und forschen wir mit der Gewissheit: die Bibel, Gottes Offenbarung wird sich – früher oder später – erneut bewähren.

> Begegnen wir der Bibel grundsätzlich mit Vertrauen oder mit Misstrauen?

Es ist dies ein theologisches und wissenschaftliches Hauptproblem protestantischer Bibelkritik in der Tradition der Aufklärung gewesen, dass sie Wissenschaft mit einer Hermeneutik des Verdachts verwechselt hat. So galten die Texte zunächst einmal als nicht vertrauenswürdig, sondern als unzuverlässig. Entgegen professioneller historischer Einstellung vertraten viele theologische Exegeten die Auffassung, dass die biblischen Traditionen – im Bild gesprochen – auf der Anklagebank sitzen und ihre Unschuld (= Zuverlässigkeit) erst beweisen müssen.[57]

---

[56] Zum heidnischen Denken, das hinter der Dominotheorie steht, die alles fallen sieht, wenn auch nur ein Steinchen fällt, s. S. 104.
[57] Vgl. etwa Ernst Käsemann: Das Problem des historischen Jesus, in ders.: Exegetische Versuche und Besinnungen Bd. 1, Göttingen 6. Aufl. 1970, 187–214.

4. Wir überschätzen unseren Verstand nicht

Wir opfern unsern Verstand nicht, aber wir wollen ihn auch nicht überschätzen. Wir halten es durchaus für möglich, dass die Fragen und Probleme *unsere* Fragen und *unsere* Probleme sind und dass die Widersprüche, die wir sehen, in Wahrheit keine sind, und dass unsere Probleme mit der Bibel eben in unserer Begrenztheit als Menschen begründet sind.

> Wie verlässlich sind unser Denken, Erkennen, unsere Wahrnehmungen?

Wir wissen – wie die deutsche Sprache so richtig und anschaulich sagt –, dass wir „Beobachtungen *machen*". Wir sehen die Dinge nicht, wie sie sind. Wir erkennen auch die Bibel nicht einfach, wie sie ist; wir verstehen sie nicht einfach so, wie sie gemeint ist. Und wenn wir Beobachtungen machen und Schlüsse ziehen, dann gehen hier immer Voraussetzungen ein, die uns vielleicht heute selbstverständlich zu sein scheinen, die wir deshalb nicht hinterfragen, die man aber in Wahrheit sehr wohl hinterfragen kann und womöglich korrigieren muss. Scheinbar selbstverständliche Voraussetzungen in (Natur- und Geschichts-) Wissenschaft wie in der Bibelwissenschaft/Exegese können von heute auf morgen fallen. Dieser in der Geistesgeschichte häufig anzutreffende Sachverhalt, vor allem aber unsere grundsätzlich gegebene und auch von kritischen Philosophen nicht bestrittene Irrtumsfähigkeit machen zugleich demütig, vorsichtig und gelassen mit der Behauptung von nicht auflösbaren Spannungen, Widersprüchen und Fehlern.

5. Wir ehren die Bibel und würdigen, wie sie ist und wie sie sich uns darbietet

Wir gehen davon aus (s. o.), dass sich manches noch klären wird, was uns z. Zt. Not macht. Mancher angebliche Fehler war und ist tatsächlich keiner; manche Spannung war und ist gar keine. Unabhängig davon würdigen wir aber den Sachverhalt theologisch, dass Gott uns ein Buch oder besser eine Sammlung von biblischen Büchern geschenkt, wenn man so will: auch zugemutet hat, das in nahezu der ganzen Geschichte der Gemeinde Jesu immer wieder zu Fragen Anlass gegeben und auch Christentumskritiker immer neu munitioniert hat. So war und ist es für Leser, die durch einen rationalistischen Wahrheitsbegriff bestimmt sind, bis heute ein Problem, dass wir eben nicht nur ein Evangelium haben, sondern drei bzw. vier. Diese vier Evangelien, vor allem aber die drei synoptischen konfrontieren uns nahezu durchweg mit dem Sachverhalt, dass offenbar dieselbe Begebenheit auf verschiedene Weise und auch mit unterschiedlichen Details wiedergegeben wird. Für den Juristen, Historiker, Philosophen und Wissenschaftsphilosophen ist das ein Beleg für die Zuverlässigkeit, sprich Wahrheit des Berichteten – ist doch hier offenbar keine zensierende, manipulierende und womöglich täuschende Hand am Werk gewesen. Für ein rationalistisches Denken, das Wahrheit mit Richtigkeit identifiziert, entsteht hier ein Problem.

> Ist die Bandbreite verschiedener Darstellungen in der Bibel ein Argument für oder gegen sie?

6. Wir respektieren und ehren die von Gott gewollte Niedrigkeitsgestalt des Wortes Gottes

Dieses Problem hat Gott ganz offenbar zugelassen. Wer die Versuchungsgeschichte nach Mt 4,1 ff. mit dem Text in Lk 4,1 ff. vergleicht, der steht vor der Frage, welche Reihenfolge denn stimmt: ob Jesus vom Teufel zuerst nach Jerusalem auf die Zinne des Tempels geführt worden ist (so Matthäus) oder ob der Teufel ihm zuerst alle Reiche der Welt gezeigt hat (so Lukas). Historisch kann es da – nach menschlichem Ermessen – nur eine Möglichkeit geben; kann – gemessen an einem rationalistischen Wahrheitsdenken – nur eine „richtig" sein. Historisch bestätigen die Varianten die Zuverlässigkeit der Tradition, in die offenbar nicht eingegriffen

> Warum dürfen wir die verschiedenen Varianten nicht beseitigen und die Unterschiede nicht auflösen?

wurde und die sich verschieden entfalten konnte. Geistlich und homiletisch bringen die verschiedenen Reihenfolgen – nach Gottes Willen – unterschiedliche Aspekte der Wahrheit zur Geltung. Welche Versuchung zuerst kommt und wie sich die Versuchungen steigern, – das wird ja seinen Niederschlag in der Verkündigung und Seelsorge finden müssen. *Gott* hat ganz offenbar bei dieser wie bei vielen anderen Geschichten diese *Bandbreite nicht nur zugelassen, sondern gewollt.*

> Worin besteht der zentrale Unterschied zwischen Bibel und Koran?

7. Unsere Probleme mit der Bibel beruhen auf Zumutungen Gottes, an denen wir uns nicht ärgern, die wir vielmehr stehen lassen und an denen wir uns freuen sollen

Fragen dieser Art entstehen viel zu oft im Umgang mit der Heiligen Schrift, als dass dieses Sich-Ärgern an dieser Gestalt der Bibel nicht in der Absicht Gottes gelegen hätte. Natürlich hätte er uns eine Art Koran hinterlassen können oder einen Kodex nach Art eines Lehrbuches rationalistischer Philosophie. Aber genau das hat er nicht gewollt. Genau das hätte der Art seiner Offenbarung, ja seinem Wesen nicht entsprochen. Der dreieinige Gott neigt sich demütig zu uns herunter. Und die Bibel nimmt an dieser Herunterneigung Gottes Teil, indem sie diese widerspiegelt. Damit ist der Kampf gegen die anstößige Gestalt des Bibelbuches im Kern auch ein Ringen mit dem Skandalon einer Selbstkundgabe, die ihren Höhe- und Tiefpunkt in der Kreuzigung (des Sohnes) Gottes durch den Menschen findet (vgl. 1. Kor 1,18 ff.).

> Warum dürfen wir uns an der Bibel nicht stoßen?

Darum empfinden wir die von uns wahrgenommenen Fragen, Probleme, „Spannungen", „Widersprüche", „Fehler" – ganz gleich, ob und wann sie sich auflösen – als gottgewollte, Gott entsprechende Merkmale des Wortes Gottes.

8. Wir verzichten auf alle Formen von „Verbesserung" der Bibel

Weil die Bibel Gottes Wort ist, weil also hinter ihr die Autorität Gottes steht, der sich durch sie hindurch offenbart; weil die Bibel so ist, wie Er sie uns gegeben hat; weil sie so ist, wie Er sie wollte; weil sie auch und gerade in dieser Form Seinem Wesen entspricht (s. u.), darum verzichten wir sowohl auf alle Formen von Sachkritik wie auch auf alle Formen von zwar wohlmeinender, aber dennoch problematischer Verbesserung der Heiligen Schrift.

| Ist die Bibel so, wie sie ist, so, wie Gott sie wollte? |

Dass wir auf alle Formen von Sachkritik verzichten, bedeutet sowohl, dass wir die Bibel nicht am Maßstab offenbarungsfremder Größen messen, als auch, dass wir auf innerkanonische Sachkritik verzichten. Urteile, die – scheinbar auf Paulus gestützt – Jakobus oder auch Matthäus an den Rand des Kanons drängen, weil diese eben nicht die paulinische, „reine", eben konfessionell dogmatische, evangelische Rechtfertigungslehre vertreten, können wir uns nicht vorstellen. Die Kritik an der Rede von einer Mitte der Schrift, die solchen Platzanweisungen und schließlich Ausgrenzungen Vorschub leistet, teilen wir.[58] Wir halten dafür, dass eben durch Gottes Voraussicht die genannten Bücher zum Beispiel deshalb zum Kanon gehören, weil sie einem „Paulinismus"[59] wehren, der Glaube einseitig und

| Wie wirkt sich das Auslegungsprinzip „die ganze Schrift!" (tota scriptura!) konkret aus? |

---

[58] Vgl. vor allem Gerhard Maiers kritische Analyse in: ders.: Das Ende der historisch-kritischen Methode, Wuppertal 1974 und spätere Auflagen, 21 ff. Maier arbeitet die Auswegslosigkeiten (speziell die Subjektivtät und Spekulation) heraus, in die es führt, wenn man theologisch zunächst selbst bestimmt, was „Kanon im Kanon", „Mitte der Schrift" etc. ist, um dann diesen subjektiven Maßstab selber zum Maßstab für die Hl. Schrift zu machen und für das, was in ihr verbindlich sein kann.
[59] Eine Einstellung, die sich auf Paulus beruft, ihn aber nur einseitig und damit verfälschend widergibt.

häretisch gegen Werke ausspielt.[60]

> Wann lehnen wir Harmonisierungsversuche ab?

Wir lehnen aber auch alle Harmonisierungsversuche ab, die die Glaubwürdigkeit der Heiligen Schrift nicht erhöhen, sondern eher in Zweifel ziehen lassen – wenn denn der Eindruck ensteht, die Bibel hätte eben solche Strategien nötig. Eine Lösung des oben genannten Problems der Reihenfolge der Versuchungen Jesu bestünde etwa darin, dass Jesus eben mehrfach vom Teufel in die Wüste geführt worden ist. Auf solche und ähnliche, theologisch (die Versuchung hat ihren Ort zu Beginn der Wirksamkeit Jesu) und historisch nicht glaubwürdigen Konstruktionen möchten wir verzichten.

c) Die Bibel: Gottes Wort als Menschenwort und Menschenwort als Gottes Wort

1. Wir haben die Bibel in der Gestalt, die Gott gefallen hat

> Wie passt das zusammen: der heilige Gott und die Menschen, die von ihm und in seinem Namen reden?

Es ist offenbar, dass Gott die uns beschäftigenden Probleme in Kauf genommen hat. Denn die Fragen, die wir heute formulieren, sind älter als 200 oder 300 Jahre. Sie gibt es z. T. so lange, wie es die Bibel gibt. Diese Fragen liegen letztlich in der Art begründet, wie es Gott gefallen hat, sich zu offenbaren. Wenn dieser Gott in die Geschichte eingeht, wenn er Fleisch wird (Joh 1,14), wenn er Mensch wird wie wir, wenn er sich davon abhängig macht, dass *Menschen* von ihm reden, dass Menschen das, was sie von ihm wissen, weitergeben, dass Menschen menschlich, d. h. irrtumsfähig und begrenzt über

---

[60] Darauf hat Peter Stuhlmacher hingewiesen: Das Evangelium von der Versöhnung in Christus. Grundlinien und Grundprobleme einer biblischen Theologie des Neuen Testaments, Stuttgart, in: ders./H. Claß: Das Evangelium von der Versöhnung in Christus, Stuttgart 1979, 13–54, 32 ff.

seine Bedeutung nachdenken, dann ist der Charakter der Bibel, wie sie vorliegt, eben von Gott gewollt. Dazu bedeutet das auch, dass Gott sie so gewollt hat, wie sie vorliegt, dass sie unter seiner Vorsehung entstanden ist und dass sie die Gestalt hat, die Gott gewollt hat. Es bedeutet ebenso, dass sie uns – wiewohl sie durch irrtumsfähige menschliche Zeugen entstanden ist – selbst nicht in die Irre führt und unfehlbare Grundlage unseres christlichen Lebens und Glaubens ist.[61]

> Ist die Bibel unfehlbar?

Wenn wir sagen: Die Bibel ist Menschenwort, müssen wir uns sogleich gegen ein naheliegendes Missverständnis abgrenzen: Menschenwort meint das Wunder der Inspiration (s. u. III, d), 1), das Wunder der Herunterlassung Gottes auch in das Wort der Hl. Schrift hinein. Menschenwort meint dagegen nicht, dass Menschen hier aus sich und nicht aus Gott geschöpft, aus eigener Weisheit und nicht aus Gott gesprochen hätten; Menschenwort heißt nicht, dass man in der Bibel eben – neben Gottes Wort – auch Worte, Aussagen findet, die auf menschlichem Mist gediehen sind.

Sie ist genau darin Wort Gottes, das dem Willen Gottes entspricht, wenn sie uns begegnet:

- in einer unüberschaubaren Fülle von Handschrif-

---

[61] Wenn wir sagen: Die Bibel ist *Menschen*wort, müssen wir uns sogleich gegen ein naheliegendes Missverständnis abgrenzen: Menschenwort meint das Wunder der Inspiration (s. u. III, d), 1), das Wunder der Herunterlassung Gottes auch in das Wort der Hl. Schrift hinein. Menschenwort meint dagegen nicht, dass Menschen hier aus sich und nicht aus Gott geschöpft, aus eigener Weisheit und nicht aus Gott gesprochen hätten; das wäre ja geradezu Aufstand gegen Gott – in der Hl. Schrift! Menschenwort heißt nicht, dass man in der Bibel eben – neben Gottes Wort – auch Worte, Aussagen findet, die „auf menschlichem Mist gediehen" sind. Eine solche Auffassung stellt massive Bibelkritik dar oder bereitet ihr mindestens den Weg.

> „Die Bibel als Menschenwort" – heißt das: in ihr reden Menschen aus ihrem Eigenen?

ten, die erst mühsam zusammengestellt werden müssen, um überhaupt eine Bibel mit einem einigermaßen verlässlichen Grundtext zu erhalten; und es gibt ja nicht ganz unwichtige Stellen wie Joh 1,18[62], in denen man sich bis heute nicht sicher ist, welcher Lesart denn nun wirklich der Vorzug zu geben ist; welche richtig ist; bei Licht besehen ist schon das ein Ärgernis, dass wir nicht einmal einen Urtext, den über Jahrhunderte unterstellten textus receptus haben, sondern in immer neuen, sich im „Nestle-Aland" wie in der Biblia Hebraica in den jeweils letzten Auflagen niederschlagenden Bemühungen versuchen müssen, einen verlässlichen Text *herzustellen*;

> Worin zeigt sich die Niedrigkeitsgestalt des Wortes Gottes?

- in Sprachen, die nicht unsere Sprachen sind, in Hebräisch, Aramäisch, Griechisch – noch dazu in unterschiedlichen Dialekten; das macht den Umgang mit der Bibel so mühsam; immer wieder sind Revisionen oder Neuübersetzungen nötig, – eben weil die biblischen Schriften geschichtliche Dokumente sind, von denen wir uns immer mehr entfernen;

> Was kann einem in der Bibel Mühe machen?

- in einem Kanon, also einer Büchersammlung, über die bis heute keine gesamtchristliche Entscheidung gefällt worden ist;

- in Texten, die z. T. schlicht und einfach verderbt sind, wo wir also – wie die Textwissenschaftler sagen – „konjizieren" müssen, um überhaupt einen vernünftigen Sinn herauszubringen;

- in verschiedenen Berichten von verschiedenen Augenzeugen, die dasselbe oft in sehr unterschiedlicher Weise sagen; es ist schon eine Frage, wie Jesus wirklich gesprochen hat: so wie im Jo-

---

[62] Vgl. Anm. 63.

hannesevangelium oder wie in den Synoptikern, und ich weiß nicht, wie und ob ich das zur Deckung bringen kann. Und wir sahen schon, dass sich beim synoptischen Vergleich eine Vielzahl von Fällen ergibt, in denen man zu der gewissen Überzeugung kommt: Dieselbe Begebenheit wird berichtet, aber eben mit in Details unterschiedlichen Angaben;

- in unterschiedlichen Perspektiven, die für uns heute ein spannungsreiches Bild ergeben: Natürlich betont Paulus im Gegenüber zu den jüdisch geprägten und in der Gefahr der Gesetzlichkeit stehenden Christen über alles die Rechtfertigung des ganz und gar Gottlosen allein aus Glauben; und natürlich reagiert Jakobus und Judas und auch die Johannesoffenbarung auf ein „Laisser-faire-Christentum", das man – s. o. als Paulinismus, also als Missverständnis der paulinischen Position, bezeichnet hat: Warum sollten wir nach Gottes Willen leben, wir sind doch gerechtfertigt durch den Glauben (vgl. Röm 6,1 ff.)? Die genannten neutestamentlichen Schriften antworten: Wenn du nicht konsequent nachfolgst, johanneisch gesprochen: die Bruderliebe lebst als Zeichen deiner Anteilnahme am Licht, dann bist du auch kein Christ. Auf die Werke kommt es – sehr wohl – an. Und wer sich nicht bewährt, wer nicht bleibt, treu bleibt, wer abfällt, der geht ewig verloren. So einfach sind diese Spannungen nicht aufzulösen, und so einfach sollen wir sie wohl auch nicht auflösen! Denn die christliche Kirche braucht beides, – und die, die hier so schnell alles auf einen theologischen Nenner bringen, die verlieren womöglich auch Entscheidendes.

2. Die Bibel macht uns Mühe, weil sie Teil hat an der Herunterlassung Gottes

> Sind die geschichtlichen Spuren an der Bibel nicht ein Makel?

Also, die Bibel macht uns gerade in ihrer vorliegenden Gestalt Mühe. Sie ist – gemessen an bestimmten Erwartungen und Maßstäben – gerade kein vollkommenes Buch. Damit meine ich: Sie ist kein von Gott diktierter, vom Himmel gefallener, ungeschichtlicher Text ohne Entstehungsgeschichte. Hier liegt (s. o.) ein entscheidender Unterschied zum Koran: Orthodoxe Muslime bestreiten ja sogar, dass es verschiedene handschriftliche Versionen der Suren gibt; solche Behauptungen wie auch die Erforschung der geschichtlichen Zusammenhänge oder die Zuweisung der einzelnen Texte nach Mekka oder Medina werden sanktioniert. Für uns sind genau diese Fragen von entscheidender Bedeutung. Gott ist Fleisch geworden (vgl. Joh 1,14; 1. Joh 1,1–4; Gal 4,4; Phil 2,5 ff.); er ist in unsere Geschichte eingegangen. Und dabei ist als Vor- und als Nachlauf eine Fülle von Texten und Dokumenten entstanden, letztlich ein solches Buch, eben die Bibel, von lat. *bibula*, entstanden. Der Muslim muss eine geschichtliche Entstehungsgeschichte verneinen; sie würde das göttliche Buch menschlich machen. Für den Christen gehört sie dazu, ist die Entstehungsgeschichte geradezu Ausweis dafür, dass das göttliche Buch wirklich göttlich ist und an der Geschichte Gottes mit den Menschen teilhat.

> Ist die geschichtliche, menschliche Gestalt der Bibel nicht bloß Not, nicht nur Anfechtung?

Ist das nun schlimm? Müssen wir uns scheuen, das zuzugeben? Müssen wir sogar Angst haben, etwas befürchten, wenn wir hier vor solche Schwierigkeiten gestellt werden? Ich gebe zu, ich scheue mich, ich habe Angst – aber nicht vor der Bibel, sondern vor den Christen, die ein nach ihrer Ansicht, *gemessen an ihren Maßstäben* vollkommenes Buch erwarten und die dabei genau an der Gestalt vorbeilaufen, die Gott als Schriftsteller seinem Buch gegeben hat. Und diese Gestalt ist doch nicht Not, sondern Tugend, größte Tugend! Sie ist doch auch von

Gott nicht zufällig gewählt oder ausgesucht, um uns Not zu machen. Sie ist doch konsequentes Ergebnis seiner Herunterneigung von sich zu uns, vom Himmel auf die Erde. Diese Demut, diese Herunterlassung Gottes ist ihrerseits aber doch wiederum ein Zeichen seiner Liebe.

Weil er uns liebt, darum überlässt er uns nicht uns selbst; darum neigt er sich zu uns, darum teilt er unser Elend; darum setzt er sich in den Propheten und v. a. in Jesus der Verwechselbarkeit und sogar dem Widerstand, ja schließlich dem Tod aus. All das berichten die biblischen Schriften nicht nur; an diesem Prozess der Erniedrigung haben sie selber doch in ihrer Form und ihrer Gestalt Anteil.

Darum sind sie in uns unverständlichen Sprachen geschrieben. Darum ist das Markusevangelium in einem so „unmöglichen", für den gebildeten Hellenen nicht akzeptablen „Slang" geschrieben; darum begegnen wir im Neuen Testament vier unterschiedlichen Zeugen, die je aus ihrer Perspektive berichten, wie sie als Menschen Jesus erfahren und erlebt haben. Darum haben wir im Neuen Testament auch Briefe und Dokumente vor uns, die widerspiegeln, auf welche Not und auf welche Schwierigkeiten die Weitergabe der einen guten Nachricht gestoßen ist.

Darum, weil Gott in unsere Geschichte eingegangen ist, sich uns Menschen ausgesetzt hat mit unserer Irrtumsfähigkeit und Fehlerhaftigkeit, darum gibt es dann auch all diese unterschiedlichen Handschriften; darum stehen wir vor dem anstößigen Sachverhalt, dass sich die Gesamtchristenheit bis heute nicht auf einen einzigen verbindlichen Kanonumfang einigen kann; darum – wegen der Dummheit, mangelnden Sorgfalt oder „Schusseligkeit" – haben wir das Problem, dass wir in manchen Fällen vor allem im Alten Testament nicht den einen selbstverständlich richtigen Grundtext haben, sondern auf der Basis der Varianten oft mühsam überlegen müssen, was denn wohl der richtige Text ist. Und es kann schon sein, dass wir nicht sicher sind,

> Können wir uns auf die Bibel verlassen?

> Wie passen die Hoheit Gottes und die menschliche Seite der Bibel zusammen?

ob wir richtig liegen.[63] Natürlich heißt das nicht, dass wir uns die Bibel selber schreiben oder dass wir hier der Willkür und Beliebigkeit ausgeliefert wären. Verglichen mit anderen antiken Texten und deren Überlieferungen[64] stehen wir in einer beispiellos guten Situation dar. Man wird mit Fug und Recht behaupten dürfen, dass die biblischen Schriften die am besten, sprich: zuverlässigsten überlieferten Dokumente der Antike darstellen. Dennoch stehen wir bei der Fülle von divergierenden Textvarianten, von denen sich die meisten, aber eben nicht alle als falsch ausscheiden lassen, vor einem Stück der Niedrigkeitsgestalt des Redens oder besser Schreibens Gottes, dem sich Gott als „Schriftsteller" ausgesetzt hat.

Das heißt: All das müssen wir nicht bedauern; all das müssen wir nicht verstecken; all das ist ja Zeichen der unaussprechlichen Demut und Liebe Gottes, mit der er bei uns ist. Ich vergleiche das gerne mit den Falten und Runzeln, die sich in die Stirn und den Leib eines Vaters eingegraben haben; mit den Merkmalen, die der Leib einer Mutter trägt, die schwanger geworden ist und ihre Kinder versorgt hat: Dieser Zeichnungen muss man sich nicht schämen; sie sind Würdezeichen, Würdemale der Liebe und Zuwendung, in denen sich die Zuneigung und Geschichte niedergeschlagen und einen körperlichen

---

[63] Dass es sich nicht nur um Bagatellfragen handelt, zeigt etwa die Geschichte der Textforschung im Hinblick auf Joh 1,18: Es ist nicht lange her, da hatte die für die deutsche Bibelwissenschaft maßgebliche Textedition: *der eingeborene Sohn, der in des Vaters Schoß ist ...* Heute liest (Nestle-)Aland: *Der eingeborene Gott, der in des Vaters Schoß ist.* Wenn diese Überlieferungsvariante richtig ist und dafür spricht einiges, dann hätten wir hier eine weitere der wenigen Stellen im Neuen Testament, in denen Jesus nicht „nur" als Sohn Gottes, sondern dirket als Gott bezeichnet/bekannt wird.

[64] Man denke an die Werke des Aristoteles oder des Plato!

Ausdruck gefunden hat. In jeder handschriftlichen Problematik dürfen wir noch ein Zeichen der Liebe Gottes sehen. In jeder Spannung und Bandbreite von Augenzeugen noch einen Widerschein dessen, dass *Menschen* in Jesus den Vater gesehen, wirklich *menschlich* mit ihren Möglichkeiten gesehen haben, sehen durften. Und Gott hat dafür gesorgt, dass wir ihn durch ihre Augen sorgfältig und verläßlich, richtig und zuverlässig sehen.

3. Die Bibel – vollkommen, weil so, wie Gott sie gewollt hat

> Ist die Bibel vollkommen?

All das ist also Ausdruck der Liebe und damit des Wesens Gottes. Die Bibel spiegelt in jedem, noch so schwachen, noch so schwierigen Detail die Liebe Gottes, Gott selbst. Und nun kommt noch etwas hinzu. Wir sehen in der Geschichte der Kirche Jesu Christi, seiner Gemeinde, dass genau dieses Wort genau in dieser Niedrigkeitsgestalt sich unzählig oft als Gottes Wort erwiesen hat; dass es zuverlässig ist und lebenstiftend; dass es sich nicht unterdrücken lässt und dass Gott trotz aller Kritik immer wieder bewährt, wie vertrauenswürdig es ist. *Gott hat die Bibel genauso gewollt, wie wir sie jetzt haben.* Das trauen wir ihm zu. Sie ist Ausdruck seiner Liebe, und ihre Gestalt ist Folge seiner Herunterneigung zu uns. In diesem Sinne ist die Bibel ein vollkommenes Buch, vollkommen das, was Gott ist und was er gewollt hat. Und wir dürfen darauf vertrauen, dass Gott sie uns so gegeben hat, wie er das wollte, und dass er durch die Bibel so, wie sie ist, wirken kann und weiter wird.

> Kann die Bibel als ganz und gar geschichtliches Buch vollkommen sein?

> Die Bibel – ganz Gottes- und ganz Menschenwort – ist das nicht gefährlich?

> Schmälern wir die Bedeutung der Bibel nicht, wenn sie „auch" Menschenwort ist?

> Welches sind die hauptsächlichen Irrlehren über die Bibel?

> Warum darf man nicht bestreiten, dass die Bibel auch „Menschenwort" ist?

d) Die Bibel ist ganz Gottes- und ganz Menschenwort

Dass die Bibel ganz Menschenwort ist, das ist einerseits ein Satz, der sich von selbst versteht. Das ist ja evident und am Tage, dass sie uns in menschlicher Gestalt begegnet. Ist es auf der anderen Seite nicht aber auch ein gefährlicher Satz – ein Satz, der womöglich das Tor für Bibelkritik öffnet? Ist es nicht ein Satz, der die Würde der Bibel als Gottes Wort schmälert?

Um das richtige Verständnis dieses Satzes zu ermöglichen und mögliche Missverständnisse abzuwehren, müssen wir diesen zentralen Satz weiter erläutern und näher bestimmen.

Dabei gilt es zwei Irrlehren zu vermeiden, die sich beide in der Geschichte der Gemeinde Jesu immer wieder finden: eine Reduktion der Bibel auf bloßes Menschenwort[65] und einer Bestreitung ihres Charakters als Menschenwort[66].

Denn das ist ja klar: Wer die Bibel nur als Menschenwort begreift, der übersieht ihren Ursprung im Reden Gottes und für den verliert sie ihre Autorität; der hört dann womöglich kein autoritatives Reden Gottes mehr. Und umgekehrt: Wer den Charakter der Bibel als Menschenwort bestreitet, der übersieht die Herabneigung Gottes ins Wort der Heiligen Schrift, geht an dieser speziellen Niedrigkeitsgestalt der Offenbarung vorbei und wird die Bibel nicht richtig verstehen können, weil er an ihrer Geschichtlichkeit vorbeigeht. Gott hat es gefallen, ja es gehört zu seinem Wesen, sich zu uns herabzuneigen – vor allem in Jesus Christus und auch in der Bibel. Das dürfen wir nicht bestreiten. Daran dürfen wir nicht vorübergehen.

---

[65] Wenn man so will, könnte man von einem skriptologischen Ebionitismus sprechen.
[66] Wenn man so will, könnte man von einem skriptologischen Doketismus sprechen.

Die theologische Aufgabe besteht positiv darin, die Bibel als Einheit von Gottes- und Menschenwort zu begreifen.

1. Die Bibel ist ganz Gottes Wort

Alle Schrift ist von Gott eingegeben (2. Tim 3,16). Darum bekennen wir mit den Reformatoren: *sola scriptura!* Allein die Heilige Schrift ist verbindlicher Maßstab für Glaube, Leben und Lehre. Wir bekennen in Anlehnung an die Reformation und im Anschluss an J. A. Bengel: *tota scriptura!* Die ganze Schrift soll uns Autorität und Gegenüber sein! Wir wollen uns nicht selbst zum Maßstab machen für das, was uns in ihr Gottes Wort sein soll und was nicht. Wir brauchen sie in ihrer Gesamtheit.

> Ist die Bibel ganz Gotteswort oder nur in bestimmten Teilen?

Die Geschichte der Kirche hat sehr deutlich gezeigt, dass Gott zu verschiedenen Zeiten sehr verschiedene Bücher gebraucht hat, um seine Kirche zu erhalten oder zu erwecken. Wir leben gesamtkirchlich und missionsgeschichtlich eben nicht nur vom Römerbrief und dem Johannesevangelium, sondern mindestens so sehr auch von der Genesis und der Johannesoffenbarung! Die ganze Bibel ist mit einer schönen Formulierung von J. Brenz, dem württembergischen Reformator, die „Predigt des Heiligen Geistes".[67]

2. Die Bibel ist vom Heiligen Geist Menschen eingegebenes Wort Gottes

Dass die Bibel Menschenwort ist, sagt sie zunächst einmal selbst. Es gehört zur Bibeltreue, das festzuhalten und nicht zu bestreiten: Von Gott her redeten

> Wie „redeten Menschen von Gott her" (2. Petr 1,21)?

---

[67] Confessio Virtembergica, (1552), Art. 27. Den Hinweis auf diese Aussage verdanke ich Rolf Hille.

Menschen, getrieben (pherontes, getragen) vom Heiligen Geist (2. Petr 1,21).

Die entscheidende Frage lautet freilich nun, wie man sich das vorstellen soll: *von Gott her redeten Menschen.* Wie haben Gott und Mensch denn da zusammengewirkt? Die Antwort gibt die Inspirationslehre.

3. Alle Schrift ist von Gott eingegeben

> Wie wirkt der Geist Gottes am Menschen und durch den Menschen?

Alle Schrift ist von Gott eingegeben (2. Tim 3,16; griech. theopneustos; lat. inspiratus, davon Inspiration und Inspirationslehre). Gott wirkt durch den Heiligen Geist am Menschen. Er inspiriert den Menschen. Aber auch hier muss man nun weiterfragen, wie man sich denn dieses Wirken des Geistes vorstellen soll. Eine Antwort findet man, wenn man bibeltreu nach dem Gesamtzeugnis der Schrift fragt. Schlatter formuliert: „Weil ... Gottes Gnade nicht bloß unseren Gedanken, sondern uns gilt und seine Berufung uns nicht nur Erkenntnis, sondern Gemeinschaft des Willens und des Werks mit ihm verleiht, wirkt Gottes Geist auf den Menschen nicht so, daß er ihn tötet, sondern so, daß er ihn belebt."[68]

Der Versuch, den Anteil des Menschen beim Zustandekommen der Bibel möglichst zu reduzieren, den Menschen zu einem bloßen Instrument zu erklären, das willenlos ist und das Gott bloß benutzt, ist darum zwar gut gemeint: Man möchte ja die Unfehlbarkeit der Heiligen Schrift möglichst sicherstellen, – aber er entspricht nicht dem biblischen Zeugnis vom Wirken des Heiligen Geistes. Der Geist des lebendigen, dreieinigen Gottes ist kein den Menschen tötender, ihn im Gegenüber zu sich auslöschender, sondern ein lebendig machender, ihn aufrichtender und bevollmächtigender Geist. Aus-

---

[68] Das christliche Dogma, Stuttgart 3. Aufl. 1977, 365.

drücklich heißt es 2. Tim 3,16, dass die von Gott berufenen Menschen getragen, getrieben, also in ihrem Leben ganzheitlich erfüllt wurden vom Geist Gottes. Dies, dass Gott fehlbare, ja sündige Menschen wie Mose und David, Petrus und Paulus mindestens für den Zeitpunkt der Inspiration so in seinen Dienst nehmen kann, für ihn zubereiten kann und sie dann auch gebrauchen kann, – das ist das Wunder der Inspiration. Wir sollten es nicht dadurch verkleinern, dass wir Menschen zu bloßen willenlosen Instrumenten machen, deren Verstand oder Leben Gott ausschalten muss,[69] damit er etwas Rechtes zu Wege bringen kann. Gott wirkt anders. Entsprechend der gesamtbiblischen Lehre vom Heiligen Geist als des lebendig machenden und seine Zeugen bevollmächtigenden Gottes denken wir Inspiration nicht unter Ausschaltung der Individualität und Personalität, ja Biographie des Menschen, sondern unter Erfüllung und als Bevollmächtigung des menschlichen Zeugen. Davon, dass der Heilige Geist den Zeugen die Feder führte, lesen wir nichts. Gerade eine bibeltreue Theologie wird dies nicht behaupten dürfen, vielmehr – tota scriptura! – auf das Gesamtzeugnis der Heiligen Schrift schauen wollen.

Nur so werden wir ja dem unglaublichen Reichtum der menschlichen Gotteszeugen und der Einbindung ihrer Zeugnisse, von den Psalmen des Alten

> Waren die Menschen bei der Inspiration willenlose Instrumente?

> Führte der Hl. Geist den Menschen die Feder?

> Warum lehnen wir eine mechanistische Inspirationslehre ab?

---

[69] Vgl. etwa exemplarisch die Aussage des altprotestantischen Theologen Johannes Musäus, dass „heilige Männer ... durch Eingeben des heiligen Geistes die Hand ans Schreibrohr (calamo) gelegt" hätten (Introductio 1679, These 3). Ausdrücklich hält L. Pflaum in seinem Dogmatik-Skript fest: „Gott hat ... die Person dieser (erg.: inspirierten) Männer nicht ausgeschaltet; dies wäre sonst die sogenannte mechanistische Inspiration, die wir nur aus dem Bereich des Okkultismus und bei Besessenheit kennen. Gottes Geist schaltet niemals die Person aus, sondern er schaltet sie ein, gibt ihr den Heiligen Geist und nimmt sie in Dienst." (Biblische Glaubenslehre, offizielles Unterrichtsskript, S. 39).

Testamentes bis zu den Briefen des Neuen Testamentes, gerecht.

So hat ja jeder Mensch seine eigene Sprache, und in seiner Sprache spiegeln sich seine ureigensten Erfahrungen wider. Gott gefällt es, diese Umstände vorzubereiten und sich ihrer zu bedienen. Und wir glauben und bekennen, dass das, was er dabei durch die Inspiration geschaffen hat, ganz und gar gut ist, Wort für Wort (Verbalinspiration).

> Wie steht ihr zur Verbalinspiration?

4. Man kann in der Bibel nicht zwischen Gottes Wort und Menschenwort unterscheiden oder gar trennen

> Ist die Bibel ganz Gottes Wort, oder enthält sie es nur?

Jedes Wort, jede Silbe, jeder Buchstabe ist von Gott inspiriert, ist Gotteswort und Menschenwort. Darum betonen wir: Die Bibel „enthält" nicht nur Gottes Wort, sie ist es ganz und gar, in jedem Detail und in jeder Aussage! Selbst der liegengebliebene „Mantel in Troas" gehört dazu (2. Tim 4,13). Ist er nicht ein wunderschönes, im besten Sinne erbauliches Zeichen dafür, wie sehr die Inspiration in die Lebenszusammenhänge des beschlagnahmten Menschen hineingehört und hineingreift?

> Wieso soll man in der Bibel nicht zwischen Gotteswort und Menschenwort trennen?

Man hat sich im Gefolge der Aufklärung, vor allem im Anschluss an Johann Salomo Semler, angewöhnt, in der Bibel zwischen Menschenwort und Gotteswort[70], menschlicher Schale und göttlichem Kern zu unterscheiden oder gar zu trennen. Dieses Urteil verbietet sich aus theologischen Gründen: Gottes- und Menschenwort bilden ja eine *untrennbare Einheit*. Es ist aber schon aus logischen Gründen unmöglich: Wer hier trennen und unterscheiden

---

[70] Bei Semler lautet die Unterscheidung Gottes Wort und Heilige Schrift (der Juden!); vgl. seine Abhandlung von freier Untersuchung des Canon, Halle 1771–1775. Wichtige Textpassagen finden sich bei K. H. Michel: Anfänge der Bibelkritik, 97 ff.

wollte, müsste ja einen Maßstab dafür an der Hand haben, was Gottes- und was Menschenwort ist. Er müsste dann aber das, was er gerade aus der Bibel als Offenbarung Gottes erfahren will, bereits vorher wissen. Wer aber schon im Voraus wüsste, was Gottes Wort ist und was nicht, müsste es nicht erst aus der Bibel erfahren wollen. Es ist nur konsequent, dass die protestantische Theologie, die dieser Weichenstellung gefolgt ist, im Endeffekt die Bibel als Gegenüber incl. Inspirationslehre überflüssig gemacht hat.

5. Das Wunder der Inspiration

Die Einheit von Gotteswort und Menschenwort in der Bibel ist untrennbar und unauflösbar – wie bei einem Brotlaib, bei dem man auch nicht zwischen Mehl und Wasser, Eiern und Hefe trennen und das eine Element vom anderen isolieren kann.

Das eben ist das Wunder und die Gnade der Inspiration: die Herunterlassung Gottes, der sich in unsere menschlichen, geschöpflichen Kommunikationsumstände hineinbegibt und durch die Bibel zum „Schriftsteller"[71] wird: *Es ist ganz und gar Gottes Wort*, was wir in den Büchern der Heiligen Schrift lesen, was Menschen dort berichtet (Geschichtsbücher im Alten und Neuen Testament) und gedichtet (Psalter und Hoheslied), kritisch gesammelt (Lk 1,1–4; Apg 1,1 ff.) und theologisch gedacht (Römerbrief) haben.

> Wie soll man sich das Ineinander von Gotteswort und Menschenwort vorstellen?

---

[71] Vgl. Johann Georg Hamann: Über die Auslegung der Heiligen Schrift, in: Londoner Schriften, Historisch-kritische Neuedition von Oswald Bayer und Bernd Weißenborn, München 1993, 59–61 (bei Hempelmann: Grundfragen der Schriftauslegung, 132); dazu Hempelmann: Wie wir denken können. Lernen von der Offenbarung des dreieinigen Gottes für Wissenschaftstheorie, Sprachphilosophie und Hermeneutik, Wuppertal 2000, Kap. 3.

> Sind die biblischen Zeugen nicht bloß „Boten", also ohne jeden Einfluss auf das, was sie bloß überbringen?

Wir glauben und bekennen, dass Gott in diesem Buch bzw. in dieser Sammlung von Büchern ganz und gar zum Zug gekommen ist und sich in ihr/in ihnen ganz und gar durchgesetzt, sich in ihnen ganz und gar so dargestellt hat, wie er es wollte. ER ist es, der für jedes Buch, jeden Satz, jedes Wort, jede Silbe, jeden Buchstaben verantwortlich ist, weil er ihr Autor und Auctor, ihr Verfasser und Urheber ist. ER steht hinter dem Matthäus- und Markus-, dem Lukas- und Johannesevangelium und auch hinter dem, was Paulus uns von Christus Jesus als dem Herrn berichtet. Er ist es, der in diesen Büchern und Aussagen so zu Wort kommt, wie er es will; der so dargestellt wird, wie es ihm gefällt.

> Wie steht es mit dem „menschlichen Faktor"?

Dazu steht nicht im Gegensatz, wenn wir genauso betonen und damit denselben Sachverhalt nur von einer anderen Seite aus beschreiben: Der lebendige Gott ist es, der in den biblischen Büchern ganz und gar in Menschenwort(en) zu Wort kommt. Anders wäre es ja auch gar nicht möglich. Anders würden wir ihn ja auch gar nicht verstehen. Und nun sind die Menschen, durch die Gott spricht, nicht nur willenlose Instrumente, nicht bloß Medien, durch die das Wort Gottes durchgeht wie Wasser durch ein möglichst glattes Rohr;[72] nicht bloß Mittel, denen selbst

---

[72] Wenn man es juristisch fassen will, dann sind die biblischen Zeugen nicht Boten, die eine Botschaft weitergeben wie Postboten einen Brief, also ohne zu wissen, worum es geht; ohne zu verstehen, was sie da weiterleiten. Der Bote hat dann mit diesem Inhalt eigentlich nichts zu tun. Angemessener ist das Bild des Repräsentanten, des Stellvertreters, das auch Paulus gebraucht (2. Kor 5,20): Wir bitten an Christi Stelle, für Christus, an Christi Statt: Lasst euch versöhnen mit Gott! Es ist derselbe Gott, der hier ganz und gar durch das Wort des ihn Vertretenden zu Wort kommt, ja nach den Regeln des Gesandtenrechtes präsent ist. Aber es gehört ja gerade zu den Aufgaben, es ist ja gerade die Funktion des Gesandten, das Wort und den Willen dessen, für den er steht, absolut authentisch aber jeweils bezogen auf die Situation, in der er für den, der ihn gesandt hat und den er vertritt, zu sagen. Philosophisch

keinerlei Bedeutung zukommt, die also austauschbar wären; nicht bloß Gegenstände, die es dummerweise eben braucht, aber deren Bedeutung Gott möglichst klein hält, Menschen, deren Eigenleben er möglichst ausschaltet, denen eine möglichst kleine Bedeutung zukommt, weil ja der Fehlerfaktor, der menschliche Faktor, möglichst klein gehalten werden soll.

Wer so dächte, bestritte das Wunder der Inspiration und hätte ihr Wesen als Herunterlassung Gottes: als mit der Inkarnation vergleichbares Eingehen in die Wirklichkeit dieser Schöpfung noch nicht verstanden.

Inspiration heißt nicht: möglichst viel Gott, möglichst wenig Mensch! Dann wäre der Koran oder das Buch Mormon doch das überlegene Buch. Dann wäre das eben doch der überlegene Gott, der sich nicht oder möglichst wenig auf diese Welt einlässt. Die Bibel zeigt uns durchgängig, vor allem aber in Jesus Christus, einen anderen Gott, einen Gott, der seine Überlegenheit gerade inmitten dieser Welt zeigt und indem er sich auf diese Welt einlässt (vgl. Joh 1,14 f.; Phil 2,5 ff.; Gal 4,4).

> Heißt „Inspiration" nicht: möglichst viel (von) Gott, möglichst wenig (von) Mensch(en)?

Der Gott, dessen Wort, dessen autoritative Dokumente für uns die Bibel ist, schaltet die Menschen, durch die er spricht, nicht aus, sondern „ein". Warum gibt es schon im Alten Testament immer wieder verschiedene Darstellungen (vgl. die Bücher Samuels und der Chronika wie der Könige) wie auch Darstellungsformen (berichtend, reflektierend, dichtend, lobend, anbetend) desselben?

> Schaltet Gott die Individualität des Menschen bei der Inspiration nicht aus?

Warum haben wir vier Evangelien – und nicht nur ein ideales, absolutes „göttliches"? Jedes von ihnen ist *ganz und gar und in jeder Silbe Gottes Wort, Wort* Gottes und „dennoch" – obwohl das ja eigentlich kein Gegensatz ist – unterscheiden sie

---

gesprochen: Die Zeugen sind nicht bloß menschliche Form für einen göttlichen Inhalt, sondern der göttliche Gehalt begegnet in einer ihm entsprechenden und unter ihm gewordenen menschlichen Gestalt.

sich, z. T. und in mancherlei Hinsicht sogar ganz erheblich: von der Sprache, über die Darstellung, den ausgewählten Stoff bis hin zu dem Gesichtspunkt, unter dem sie uns Christus zeigen: Lukas schreibt die Hochsprache des studierten Akademikers und Intellektuellen; Markus einen von den Gelehrten verschmähten Dialekt, wie man ihn auf der Straße spricht; Johannes zeigt uns eine unglaublich dichte, theologisch konzentrierte Sprache.

Sind diese Spezifica nun etwa der sog. menschliche Anteil, den man von dem göttlichen trennen, mindestens unterscheiden könnte? Was bliebe denn dann von dem jeweiligen Zeugen übrig? Was wäre denn das Göttliche jenseits dieser menschlichen Darstellungen? Wird hier nicht völlig falsch gefragt, eben an dem Wie des Handelns Gottes in Inkarnation und Inspiration vorbei?

Es ist das Wunder der Inspiration, dass es dem allmächtigen Gott gelungen ist, sich seine Zeugen so zuzubereiten und sie so zu beschlagnahmen, dass er in seiner auserwählten, bestimmten Zeit sie so gebrauchen kann, dass sie sein Wort sagen: ihn so repräsentieren, reden lassen, vergegenwärtigen, wie er es will – ganz und gar.[73]

| Machen wir aus der Bibel einen „papierenen Papst"? |

Was hat Gott etwa im Leben des Paulus alles tun müssen, damit dieser zum auserwählten Werkzeug wurde? Wie hat er ihn theologisch ausgebildet und geschult? (Vgl. Phil 3,5 .f; Apg 23,6) Wie hart musste er ihm begegnen? Wie tief musste er ihn demütigen? (Vgl. 1. Kor 15,8) Wie sehr musste er leiden und seine eigene Ohnmacht erfahren, um die Wirklichkeit Christi zu begreifen? (Vgl. 2. Kor

---

[73] Wegen dieses spezifischen, biographischen, geschichtlichen Profils seiner Zeugen ist historische Arbeit an der Bibel unabdingbar, – hilft sie doch verstehen, wie und warum Gottes Menschen geredet haben. Ihre Lebensumstände sind deshalb so wichtig, weil Gottes Wort durch sie hindurch und in ihnen zur Sprache kommt.

11,23–31) Wie furchtbar musste er scheitern (Apg 8,3; 1. Thessalonicher), um die Bedeutung des Kreuzes (1. Kor 2,2) zu verstehen?

Wir können dieses Geheimnis der Inspiration nicht letztlich erklären und aufschlüsseln. Wir können es eigentlich nur an-staunen und anbeten.

6. Die Bibel ist ein „Werk der höchsten Demuth" (J. G. Hamann)

Der sich trinitarisch offenbarende Gott neigt sich aus Liebe (1. Joh 4,8.16) zu uns herunter: in der Schöpfung, in seinem Sohn und in der Heiligen Schrift.[74]

Dass die Bibel Menschenwort ist, also ihre Niedrigkeitsgestalt, ist also recht verstanden kein Einwand gegen ihr Wort-Gottes-sein, also ihre Hoheit und Würde. Denn wie bei der Inkarnation, Fleischwerdung des Logos (Wortes; Joh 1,14) besteht die Herrlichkeit und Größe gerade und vor allem in seiner Niedrigkeit und Demut (Phil 2,5 ff.).

> Nimmt das *Menschen*wort-Sein der Bibel nicht ihre Würde und Herrlichkeit?

7. Die Bibel ist unfehlbar: vollkommen – so, wie Gott sie wollte

Die Bibel ist nützlich zur Lehre, zur Überführung,

---

[74] Vgl. die im Anschluss an Luther geschehenden wegweisenden Aussagen von J. G. Hamann: Über die Auslegung der Heiligen Schrift, in: Londoner Schriften, Historisch-kritische Neuedition von Oswald Bayer und Bernd Weißenborn, München 1993, 59–61 (bei Hempelmann: Grundfragen der Schriftauslegung, 132): „Gott ein Schriftsteller! ... Die Eingebung dieses Buchs ist eine eben so große Erniedrigung und Herunterlassung Gottes als die Schöpfung des Vaters und Menschwerdung des Sohnes. Die Demuth des Herzens ist daher die einzige Gemüthsverfassung, die zur Lesung der Bibel gehört, und die unentbehrlichste Vorbereitung zur selbigen."

> **Wozu hat Gott uns die Bibel gegeben?**

zur Zurechtweisung, zur Unterweisung in der Gemeinde, damit der Mensch Gottes vollkommen sei, zu jedem guten Werk völlig zugerüstet (vgl. 2. Tim 3,16). Alles, was zuvor geschrieben wurde, ist zu unserer Belehrung geschrieben, damit wir durch das Ausharren und durch die Ermunterung der Schriften die Hoffnung haben (Röm 15,4).

> **Worin zeigt sich die Unfehlbarkeit und Vollkommenheit der Bibel?**

Die Unfehlbarkeit, Vollkommenheit der Bibel zeigt sich vor allem darin, dass sie und wie sie den Weg zum ewigen Leben mit Gott unfehlbar und vollkommen weist. Das hat Liebenzell als Missionswerk immer gewusst und unzählbar oft erfahren dürfen.

Wir denken die Unfehlbarkeit und Vollkommenheit biblisch und verzichten darauf, sie heidnisch-rationalistischen Kriterien zu unterwerfen und an einem philosophisch-offenbarungsfremden Denken zu messen. Wer biblisch, bibeltreu denken will, muss von der Offenbarung Gottes, der trinitarischen Erniedrigung, ausgehen und diese zur Norm für sein Denken machen. Wir setzen voraus, dass die Bibel, so wie sie ist, Gottes Wort und dass sie als solches unfehlbar ist. Wir beten das Wunder der Inspiration an und versuchen nicht, auseinanderzunehmen, was Gott zusammengefügt hat.

e) Bibeltreue und d. h. schriftgebundene Theologie verzichtet auf offenbarungsfremde Kriterien für Wahrheit, Unfehlbarkeit und Perfektheit/Vollkommenheit

> **Dürfen wir der Bibel unser Denken und unsere Denkweise aufdrängen?**

Wir stehen vor einer Frage von grundsätzlicher Bedeutung: Wer muss sich nach wem richten? Muss die Bibel, Gottes Wort, unseren Kriterien, Maßstäben, Empfindungen, unserem Wahrheitsdenken, unserer Vorstellung von dem, was vollkommen ist, entsprechen? Oder müsste es nicht vielmehr umgekehrt sein? Müssen sich unsere Maßstäbe, unser Denken von Wahrheit, unsere Vorstellung von dem, was vollkommen ist, nicht nach dem richten, was uns die Bibel als das Kriterium, den Maßstab, die Wahrheit und das vollkommene Buch zeigt und zu sehen gibt?

Wir geben wiederum ein Beispiel: In Mk 10,46–52 und Lk 18,35–43 wird die Geschichte von der Heilung eines Blinden in Jericho erzählt. Beide Versionen decken sich in der Sache bis ins Detail. Nur wird im einen Fall gesagt: als sie von Jericho *hinwegzogen*, geschah das Wunder; im andern Fall: als Jesus sich *näherte*, geschah die Begegnung. Wer jetzt versuchte, und das geschieht ja von wohlmeinender Seite, zwei verschiedene Blindenheilungen daraus zu machen, nur um diesen kleinen Unterschied zu beseitigen, der lässt die Bibel nicht so stehen, wie sie uns begegnet. Für mich ist es wunderbar, dass hier niemand redigierend, korrigierend eingegriffen hat.

Die Differenz fällt doch nicht erst uns heute auf. Man hat von Anfang an die Überlieferungen in ihrer vorliegenden Gestalt respektiert. Entscheidend ist doch der Vorgang selber; wichtig ist die Übereinstimmung in allem Wesentlichen. Und das ist das, was für einen Historiker zählt. Er würde eher stutzig, wenn er in allen Evangelien auf die im Wortlaut selbe Geschichte treffen würde. Das wäre nicht nur ein Indiz dafür, dass die Überlieferung nicht authentisch vorliegt, jemand also eingegriffen hat; es wäre darüber hinaus auch langweilig, – und das, was Gott gerade wollte, dass aus mehrerer Zeugen Mund und d. h. von verschiedenen Individuen Augenzeugenberichte vorliegen, – genau diese von Gott gewollte Verschiedenheit wäre beseitigt.

> Warum dürfen wir Verschiedenheiten der Darstellung in der Bibel nicht beseitigen (wollen)?

Wer hier jetzt unbedingt ausgleichen wollte, der täte der Bibel also einen Bärendienst – theologisch, weil er das beseitigte, was Gott selber wichtig ist: die Brechung des Ereignisses im Mund/Spiegel verschiedener Zeugnisse, und historisch: weil das beseitigt würde, was den Überlieferungen Glaubwürdigkeit verleiht, eben weil hier offenbar kein Zensor, keine Zensurbehörde gewirkt hat.

Kleiner Exkurs zur Bedeutung und zur Problematik von Harmonisierungsversuchen

> Wann sind Harmonisierungsversuche sinnvoll und nötig?

Grundsätzlich gilt es zweierlei Harmonisierungsversuche zu unterscheiden. Natürlich ist es legitim, ja geboten, das vorhandene Material, sprich die gegebenen Texte und Berichte zunächst einmal soweit möglich in einem Gesamtzusammenhang zu verstehen und in ihn einzuordnen. Das absolut legitime Interesse an der Zuverlässigkeit der Bibel gebietet es ebenfalls, soweit wie möglich und sinnvoll (den Anschein von) Widersprüche(n) zwischen Texten/Berichten zu beseitigen. Das würde und wird auch jeder regelgerecht verfahrende Historiker tun. Und es ist geradezu geboten angesichts einer in der Pentateuch- und Synoptikerforschung lange dominierenden Tendenz, vorschnell Spannungen und Widersprüche festzustellen oder gar zu konstruieren, um die Überzeugung historischer Zuverlässigkeit zu demontieren.

> Wann lehnen wir Harmonisierungsbestrebungen ab?

Von diesen legitimen Harmonisierungsbestrebungen, die zu vielerlei Aufklärung beigetragen haben, sind Versuche zu unterscheiden, die nur noch gut gemeint, aber nicht mehr gut sind, weil sie die Glaubwürdigkeit der Quellen – entgegen dem eigenen Ansatz und Wollen – nicht stärken, sondern schwächen.

Wenn in einem apologetischen Zusammenhang ein Gesprächspartner den Eindruck gewinnt, dass die Bibel bestimmte, nicht nachvollziehbare „Verrenkungen des Denkens" offenbar nötig hat, damit man ihr Vertrauen schenken kann, dann haben wir ihr damit einen „Bärendienst" erwiesen. Bestimmte Fragen werden wir – ggfs. bis auf weiteres – stehenlassen und offenlassen müssen und können – im Vertrauen auf Gott und im Respekt vor seinem

Buch, das er uns genau in dieser Gestalt hinterlassen und geschenkt hat.

f) Wir müssen ein philosophisch-heidnisches und ein hebräisch-biblisches Wahrheitsdenken unterscheiden

Harmonisierungsbestrebungen, die letztlich alles Menschliche an der Bibel beseitigen wollen, sind geleitet von einem Wahrheitsdenken, das philosophisch, aber nicht biblisch geprägt und bestimmt ist. Und das ist mein tiefster Einwand.

> Warum lehnen wir ein heidnisches Wahrheitsdenken ab?

Bibeltreue, schriftgebundene, an die Bibel in ihrer vorliegenden Gestalt gebundene, nicht beckmesserische Theologie akzeptiert die Bibel so wie sie ist; sie weiß, dass die Bibel zuverlässig ist und dass sie vertrauenswürdig ist, weil sie sich so oft bewährt hat. Es mag Spannungen und Schwierigkeiten geben, aber im wesentlichen und im Kern ist die Bibel mit dem, was sie uns zeigt, völlig vertrauenswürdig. Solch eine Schriftgebundenheit hält die Spannungen und Probleme aus, die nicht wir selber in die Bibel hineinbauen, sondern an ihr wahrnehmen. Solche eine bibeltreue Theologie hält auch Fragen aus, vor die die Bibel stellt, eben weil sie weiß, dass die Bibel uns schon unzählbar viele Antworten gegeben hat und sich auch weiter bewähren wird, wenn wir ihr vertrauen.

Demgegenüber gibt es eine rationalistische Haltung zur Bibel, die die Bibel an einem philosophischen Wahrheitsbegriff misst. Hier ist die Bibel so etwas wie eine einzige, große mathematische Formel und Rechnung. Wenn auch nur ein Fehler drin sein sollte, stimmt das Ganze nicht. Jede Undeutlichkeit, jede Spannung *muss* beseitigt werden; jede Frage *muss* eine Antwort finden – nicht erst in der Ewigkeit, sondern schon jetzt. Sonst kann ich der Bibel insgesamt nicht glauben. Resultat ist dann die unsägliche, unbiblische Dominotheorie. Hier ist nicht

> Was zeichnet einen heidnisch-rationalistischen Wahrheitsbegriff aus?

mehr der Glaube an den dreieinigen Gott fundamental; hier ist der Glaube an die Bibel fundamental. Hier ist dann nicht der Glaube an Jesus Christus, das Vertrauen auf die Zuverlässigkeit der Heiligen Schrift entscheidend, sondern allein die Richtigkeit einer bestimmten rationalistisch gedachten Inspirationstheorie. Die Bibel kann dann in ihrem Zeugnis von Kreuz und Auferstehung historisch so glaubwürdig sein wie sie will, bestimmte Christen können ihr nicht vertrauen, wenn sie auch nur eine Frage offen lassen müssen.

Das ist ein rationalistischer, durch eine Vernunftphilosophie bestimmter Wahrheitsbegriff, der mit der Niedrigkeitsgestalt der Bibel, mit dem Gotteswort als Menschenwort seine Mühe hat, nichts anfangen kann und diese darum im Extrem zu beseitigen sucht. Das ist gut gemeinte Bibelkritik in Reinkultur. Alles Geschichtliche, alle Unklarheit, alles Unvollkommene stört da nur. Und dann übersieht man, dass genau dies das Wesen von Gottes Herunterlassung ausmacht, und kämpft dagegen, damit aber letztlich gegen Gott selbst. Es muss alles stimmen, bis aufs I-Tüpfelchen, und wenn nicht alles, auch das I-Tüpfelchen nicht stimmt, *dann ist alles falsch*. Das ist heidnische Philosophie, und das ist in der Vergangenheit ein Einfallstor des Teufels gewesen, mit dem er biblische Theologie buchstäblich madig gemacht hat.

> Wie denkt die Bibel Wahrheit?

Der biblische und damit verbindliche, schriftgemäße Wahrheitsbegriff ist anders, ganz anders: Wahrheit ist hebräisch *ämät*, und *ämät* bedeutet: Wahrheit, Treue, Zuverlässigkeit, Bestehen in Bewährungen.[75]

---

[75] Wahrheit ist in der Bibel vor allem ein Beziehungsbegriff. Aber das schließt das Element des sachlich Zutreffenden nicht aus, sondern ein. Denn der, der treu ist, ist ja deshalb für mich zuverlässig, weil ich mich auf seine Zusagen verlassen kann. Er ist deshalb wahr, bewährt, weil es sich immer wieder bestätigt hat, dass es stimmt, was er mir zugesichert und zugesagt hat.

Wenn jemand in der Bibel die Wahrheit von etwas bekennt, dann meint er nicht: Ich habe den totalen Überblick; ich nehme letztlich den Gottesstandpunkt ein und kann alles beurteilen. Dann sagt er vielmehr – und das ist seinem Menschsein allein angemessen –: Ich bezeuge, bekenne: Ich habe erfahren: Gott ist treu; er hat sich bewährt; er hat hindurchgeholfen; es gab Fragen und Anfechtungen; es gibt sie womöglich auch weiter. Aber was ich an Erfahrungen der Bestätigung gemacht habe, reicht aus, um mich weiter auf ihn zu verlassen. Bekenntnis zur Wahrheit und Vollkommenheit Gottes ist Bekenntnis zu seiner Treue, Zuverlässigkeit und Majestät.

So verfährt der Psalmist; so bekennt es das gläubige Volk Gottes im Alten und im Neuen Bund. Alles hängt für unser Leben und für das Überleben der Gemeinde Jesu daran, dass der lebendige Gott, der Gott der Bibel die Wahrheit ist. Mit unserem ganzen Leben haben wir uns ja auf diese Wahrheit gestellt. Freilich, genau das macht ja unsere oft angefochtene Existenz aus, dass wir nicht *über* Gott und der Welt stehen, und dass wir nicht in der Lage sind, dass wir beurteilen und d. h. beweisen könnten, dass er es letztlich und entscheidend ist. Dazu müssten wir doch über allem oder schon am Ende der Geschichte stehen. Was wir freilich bezeugen können, ist, dass er sich immer wieder als die Wahrheit bewährt hat. Was wir aufgrund der geschehenen Machttat der Auferweckung seines Sohnes aus den Toten zuversichtlich hoffen dürfen ist, dass er sich als der Gott des ganzen Universums, als Herr aller Herren durchsetzen und zeigen wird (1. Kor 15,20–28). Und am Ende, am Anfang des neuen Himmels und der neuen Erde, dann wird offenbar und unwiderleglich klar sein (vgl. Phil 2,10 f.), dass er und kein anderer die Wahrheit ist und wie treu er war. Das wird dann Grund genug sein, ihn eine Ewigkeit lang zu loben und zu rühmen (Joh-Off 5,11–14).[76]

> Ist Wahrheit in der Bibel lediglich ein Beziehungsbegriff?

---

[76] Theologisch gesprochen handelt es sich also bei den

1. Es bleibt eine letzte Differenz zwischen Bibel und Bibelauslegung

> Wodurch zeichnet sich eine sektiererische Schriftauslegung aus?

Während wir auf der einen Seite eine nahezu schrankenlose Beliebigkeit bei den Auslegungsweisen und dementsprechend in den Ergebnissen der Bibelauslegung erleben, gibt es als Gegenposition die etwa auch teilweise im Fundamentalismus vertretene Auffassung, man könne den Sinn eines Textes sicher identifizieren. Konsequenz ist die oft begegnende Überzeugung, man sei im Besitz der – einzig – biblischen Position. Kennzeichnend für diese Haltung ist die Identifikation der Bibel mit dem, was man selbst vertritt. Dies kann sich dann in der Praxis notvoll auswirken: Wenn denn das, was ich erkenne, „die Bibel" ist; das, was ich sage, „die Bibel sagt"; meine Lehre die „Lehre der Bibel ist", – dann muss (a) zunächst einmal alles so denken wie ich, denn ich denke ja wie die Bibel; dann kann es (b) grundsätzlich auch keine Diskussion über meine Auslegung geben; denn diese ist ja keine Auslegung, sondern die Sache: der Sinn des Textes selber; dann hat (c) die Begegnung verschiedener Auslegungen der Bibel notwendig Konfrontationscharakter. Es stoßen ja dann nicht verschiedene Bemühungen um den Text aufeinander, die einander zu Korrektur und Erkenntnisfortschritt helfen können, sondern – nach eigenem Selbstverständnis – trifft „Bibel" auf „Bibel".

> Warum geht's nicht ohne Hermeneutik?

> Kann man die Bibel nicht erkennen, wie sie ist?

Wird die Notwendigkeit einer Hermeneutik hier grundsätzlich bestritten, eben weil man ja die Bibel selbstverständlich so auslegen muss, wie „ich" das tue und weil es keine Probleme gibt, die ein herme-

---

Aussagen über Gott und sein Wort letztlich um eschatologische Sachverhalte, die in der entscheidenden Wirklichkeit: der Welt Gottes jetzt schon wahr sind (vgl. die Visionen des Sehers Johannes!), deren Wahrheit aber in dieser Welt erst noch durchgesetzt werden muss.

neutisches Abwägen notwendig machten, so ist hier immerhin der Wahrheitsanspruch der biblischen Texte festgehalten. Das Problem besteht „nur" darin, dass Auslegung und Bibel selbst identifiziert wird.

Gerade eine bibeltreue hermeneutische Position wird (a) demütig immer eine letzte Differenz zwischen der eigenen, menschlichen Auslegung und dem Wort Gottes selbst festhalten und (b) darum wissen, dass all unser Erkennen nur Stückwerk ist (vgl. 1. Kor 13,9.12) und (c) aus der Geschichte der Auslegung der Heiligen Schrift durch wiedergeborene Christen wissen, wie sehr sich auch Kinder Gottes in der Auslegung und Aufstellung einer biblischen Theologie widersprechen, offenbar geirrt haben und viel zu oft viel zu selbstsicher waren.

2. Postmoderne Hermeneutik nimmt der Bibel jede Verbindlichkeit

Umgekehrt verhält es sich mit einer postmodernen Position, die jedem Ausleger das Recht auf seine eigene Position zugesteht und verschiedene, womöglich auch einander widersprechende Wahrheiten einräumt. Hier tritt der Wahrheitsanspruch des Textes völlig in den Hintergrund. Wichtig ist die Wahrheit des Auslegers, der diese im Text bestätigt finden darf – frei nach dem Motto: Mit der Bibel kann und darf man alles beweisen/legitimieren. Hier ist die kurzschlüssige Identifikation von meiner Auslegung mit der Wahrheit des Textes/dem Textsinn preisgegeben – aber eben um den Preis eines im Prinzip schrankenlosen Pluralismus und einer Beliebigkeit im Umgang mit der Heiligen Schrift, die ihr faktisch jede Verbindlichkeit nimmt. Es wird zwar zugestanden, dass es verschiedene Formen gibt, den Text auszulegen, aber ein normativer Textsinn ist praktisch aufgegeben.

Eine bibeltreue Hermeneutik wird einen dritten Weg wählen. Sie verzichtet einerseits auf eine Iden-

> Kann man/darf man mit der Bibel nicht alles beweisen?

> Hat die Bibel einen verbindlichen Sinn?

> Warum brauchen wir den Heiligen Geist für die Auslegung der Heiligen Schrift?

> Worin besteht die Bedeutung des Mitchristen für die Auslegung der Heiligen Schrift?

> Ist es egal, wie ich die Bibel auslege?

tifikation ihrer Auslegung mit der Bibel. Sie weiß, dass es eine letzte Differenz zwischen Gottes Wort und unserer menschlichen Erkenntnisbemühung um sie gibt. Es ist allein Gottes Güte, dass Gottes Geist durch unseren schwachen, fehlerhaften, oft sündhaften Umgang mit Gottes Offenbarung und Reden hindurch mit uns zum Ziel gelangt. Eine selbstsichere Hermeneutik der Wiedergeborenen kommt für eine bibeltreue Hermeneutik nicht in Frage. Wir wissen, dass wir darauf angewiesen sind, dass Gott uns immer neu bereit macht, auf sein Wort zu hören, falsche Erkenntnisse preiszugeben und uns zu korrigieren. Der „natürliche Mensch", der wir auch als Christen immer noch sind und bleiben, will das von Haus aus nicht (vgl. 1. Joh 1,8).

Demut ist also das erste und wichtigste Kennzeichen einer bibeltreuen Hermeneutik: Demut vor der Heiligen Schrift, die wir noch mit der besten Auslegung nie einholen, und Demut vor den Mitgeschwistern, die mit mir die Bibel lesen und die ich in ihrer Erkenntnis höher achten will als mich selbst. Das schließt nicht die kritiklose Akzeptanz der Ergebnisse anderer ein (vgl. vielmehr das kritische Prinzip 1. Kor 14,20.29), wohl aber die an andere wie an mich zu richtende kritische Rückfrage, ob und inwieweit die Bibel jeweils als höchste Autorität, als Gottes Wort gilt oder nicht vielmehr Interessen und Traditionen den Erkenntniswillen leiten.

Ich weiß ja, dass ich nur „Beobachtungen mache" (s. o.), nicht einfach den Sinn des Textes erschließe, und darum zur Korrektur bereit sein muss. Dieses Von-einander-Lernen, dieses Bereit-sein-zur-Korrektur schließt aber schon ein, dass die Auslegung nicht gleichgültig ist; dass es nicht egal ist, wie ich die Bibel auslege. Damit ist in der Sache einem Wahrheitspluralismus gewehrt, der geradezu als Programm verschiedene Wahrheiten kennt und auch in der Bibel wieder findet.

Nun kann man natürlich Texte auf sehr verschiedene Weisen auslegen, und je nach Hermeneutik wird man z. T. völlig unterschiedliche Ergebnisse erhalten. Welches ist denn nun die richtige Hermeneutik? Woher können wir denn wissen, wie man die Bibel richtig auslegt? Wieder müssen wir uns davor hüten, an dieser sensiblen Stelle offenbarungsfremdes Denken Einfluss nehmen zu lassen. Jede Hermeneutik wird ja bestimmt durch bestimmte Voraussetzungen und Vorstellungen von dem, was Gott, der Mensch, die Welt ist.

> Gibt es Maßstäbe, an denen ich prüfen kann, ob ich die Bibel richtig auslege?

3. Eine bibeltreue Hermeneutik ist eine biblische Hermeneutik

Wenn wir eine bibeltreue Hermeneutik wollen, dann kann dies nur eine sein, die sich ihre Grundsätze und Grundzüge von der Bibel selbst geben lässt. Da wir aber nun nicht einfach „die Bibel kennen" und verstehen, wird es so sein, dass sich eine biblische Hermeneutik im Umgang mit der Bibel ergibt, entwickelt und gestaltet. Bedeutet das, dass die Auslegung der Bibel in das Belieben des Einzelnen gestellt ist? Wir entfalten einige Grundlinien einer Hermeneutik, die biblisch ist, weil sie sich an der Bibel selbst orientiert.

> Wird dann nicht die Auslegung ganz beliebig, wenn ich nicht bestimmte Positionen als allein richtig festlege?

a) Eine bibeltreue Hermeneutik legt die Bibel aus, wie die Bibel Bibel auslegt

Es gibt im Alten und vor allem im Neuen Testament eine Reihe von mannigfachen Bezugnahmen auf andere biblische Texte. Hier können wir lernen, wie sich innerbiblisch Texte auf Texte beziehen, diese aufnehmen, interpretieren und aktualisieren. Wie bezieht sich der Herr Jesus auf „die Schrift"?[77] Der

> Was ist das zentrale Kriterium für eine bibeltreue Hermeneutik?

---

[77] Vgl. Gerhard Maier: Biblische Hermeneutik , Wuppertal 3. Aufl. 1998, 289–291, sowie John Wenham: Christ and the Bible, London 1993.

Umgang Jesu mit der Schrift ist für uns verpflichtend. Oder wie geht ein neutestamentlicher Text mit einer alttestamentlichen Verheißung um? Wie bezieht sich Paulus auf Herrenworte oder auf das von uns so genannte „Alte Testament"? Und so weiter. Dabei wird deutlich, dass ein zentraler Gesichtspunkt die Spannung zwischen Verheißung und Erfüllung ist.

b) Wir legen die Bibel heilsgeschichtlich aus

> Brauchen wir eine heilsgeschichtliche Hermeneutik?

Gott ist ein geschichtlich handelnder und redender Gott. Was hat er früher gesagt? Inwiefern ist das noch heute gültig? Wie kann es aktuell auf eine bestimmte Situation bezogen werden? Haben sich seine Zusagen schon erfüllt oder teilerfüllt? (Vgl. 2. Kor 1,19 f.) An welchem Ort des heilsgeschichtlichen, auf die Wiederkunft Christi zulaufenden heilsgeschichtlichen Gesamtszenarios ist eine biblische Aussage zu lokalisieren? Eine solche Verortung gibt einer Auslegung ein Koordinatensystem vor, das den einzelnen Text in den Gesamtzusammenhang der ganzen Schrift hineinhält und damit der Exegese auch mehr Sicherheit gibt.

c) Wir legen die Bibel im Lebenszusammenhang aus

> Welche Bedeutung kommt dem Glaubensleben für das Verstehen der Bibel zu?

Nach einem guten und viel zitierten Wort eines bekannten Theologen ist Kirchengeschichte die Geschichte der Auslegung der Heiligen Schrift. Die Bibel ist kein akademisches Kunstprodukt; selbst der Römerbrief ist in einem bestimmten Lebenszusammenhang – der Vorbereitung der Missionstätigkeit des Paulus in Spanien und der Reflexion des Verhältnisses von Juden(-) und Heiden(christen) vor den konkreten römischen Verhältnissen – entstanden. Die Bibel ist ein Lebens-Buch; ihre Bücher sind

Schriften, die im Leben entstanden sind, ins Leben hineinsprechen, zum Leben bringen wollen. Der Sinn eines Textes erschließt sich darum auch nie abstrakt, sondern nur dann, wenn er im Kontext von Glaube und Leben und der dort gegebenen Herausforderungen bedacht wird.

Genau in diesem Lebenszusammenhang zeigt sich dann, dass die Vielfalt der Perspektiven und Gattungen, der Medien, in denen sich Gottes Handeln und Reden niederschlägt, von den Vätergeschichten bis zur Areopagrede des Paulus, vom Hohenlied bis zum Römerbrief, von den Geschlechtsregistern bis zu den Visionen der Johannesoffenbarung – kein heilgeschichtlicher Betriebsunfall ist, sondern einen tiefen, letzten missiologischen Sinn hat: Gerade in ihrer Vielfalt und Fülle spricht die Bibel in die Vielfalt und Fülle menschlicher Lebenssituationen hinein. Gerade so erreicht sie jeden Menschen – ganz gleich ob er Schafhirte oder Akademiker, Dichter oder Denker, arm oder reich, Gelehrter oder Handwerker, Mann oder Frau ist. So blitzt in der für viele anstößigen und so schlecht zu systematisierenden Vielfalt der Reichtum des Gottes auf, der reich ist für alle und der will, dass niemand verloren gehe, sondern alle zur Erkenntnis der Wahrheit kommen.

IV Ausblick: Was wir von Christus erwarten

Das Theologische Seminar der Liebenzeller Mission und das Liebenzeller Werk insgesamt ist und bleibt – mit Gottes Hilfe – bibeltreu. Das ist unser Grundsatz, das ist unsere theologische Orientierung, und das ist unsere Zielsetzung.

„Bibeltreue" kann man natürlich schnell für sich beanspruchen. Darum haben wir in diesem Papier ein Stück weit wenigstens Rechenschaft gegeben, wie wir diesen Anspruch konkret füllen und zu erfüllen suchen. Eine bibeltreue Ausbildung und Ausrichtung behaupten wir nicht nur. Wir realisieren und entfalten sie auch in Leben und Lehre, in Schriftauslegung und Hermeneutik.

> Worauf wir uns bei unserer Hermeneutik verlassen.

CTL – das heißt als geistliches Motto nicht nur „christliche Theologie lebensnah". CTL – das heißt mit einem Wort meines Freundes und theologischen Weggefährten Reinhard Frische auch: „Christus trägt lebenslang".

Er, Christus, garantiert unsere Bibeltreue. Er hält uns bei sich; Er hält uns bei Seinem Wort. Auf ihn blicken wir gerade dann, wenn die Gefahr besteht, uns ganz unbiblisch und unevangelisch auf *unser* Tun, *unser* Denken, *unser* Wollen zu fixieren. „Mit uns'rer Macht ist" aber doch „nichts getan":

> Was sind unaufgebbare Grundzüge einer biblischen Hermeneutik?

- Christus schenkt und schenke uns Gehorsam gegenüber der Heiligen Schrift als höchster, für uns nicht einholbarer oder gar überholbarer Autorität.

- Christus schenkt und schenke uns Sorgfalt und nicht nachlassendes Mühen um eine möglichst präzise Wahrnehmung der Bibel und um ihre möglichst verständliche Auslegung.

- Christus schenkt und schenke uns vor allem die Liebe zu diesem Lebensbuch, das uns den Weg zum Buch des Lebens weist.

Weitere Titel in der Reihe *Theologische Zeitfragen*
von Heinzpeter Hempelmann:

Zukunft gewinnen
Gemeinschaftsgemeinden und Evangelische Kirche
56 Seiten, Paperback, Nr. 471 381

Gesellschaftliche Entwicklungen und mentale Veränderungen gehen nicht spurlos an Kirchen und Gemeinden vorüber. Die Ausdifferenzierung unserer Gesellschaft in einzelne Teilsysteme lässt sich in kleinerem Maßstab auch in einer Differenzierung der Gemeindereformen beobachten. Parallel zum traditionellen parochialen System der „Volkskirche" entwickeln sich Personalgemeinden. Es stellen sich Fragen nach deren Berechtigung und Begründung, nach einem geistlichen und praktischen Miteinander der verschiedenen Gemeindeformen. Die in diesem Buch vorliegenden Beiträge von Kirchenrat Karl-Heinz-Schlaudraff, Prälat Paul Dieterich und Seminardirektor Heinzpeter Hempelmann wurden zur Tagung „Pietismus und Kirche" erstmals vorgetragen und geben Informationen und Impulse zur aktuellen Gemeindestruktur-Diskussion.

Mit Vollmacht Christ sein
64 Seiten, Paperback Nr. 471 376

Immer wieder hört man die Behauptung: Wer vollmächtig Christ sein will, der benötigt einen besonderen Empfang des Heiligen Geistes. Heinzpeter Hempelmann überprüft die These vom Christsein ohne Heiligen Geist. Er nimmt nicht nur die Bibelstellen in Augenschein, auf die sich die Vertreter dieser Auffassung beziehen, sondern er zeigt auf, wie vollmächtiges Christsein persönlich und in der Gemeinde gelebt werden kann.

Gemeinde bauen in einer multireligiösen Gesellschaft
64 Seiten, Paperback Nr. 471 375

Selbst in kleinen und mittleren Städten ist der Anteil der Ausländer in den Schulen oft weit über ein Viertel gestiegen – in bestimmten Gebieten von Großstädten erreicht er bis zu 80%. Diese Tatsache sollten wir Christen in Deutschland nicht nur zur Kenntnis nehmen, sondern positiv darauf eingehen. Wie dies geschehen kann, zeigt der Autor an einem Beispiel, das im Neuen Testament eine herausragende Stellung einnimmt.

Soll „Gnadau" in der Kirche bleiben?
64 Seiten, Paperback Nr. 471 371

Gemeinschaftsbewegung und Evangelische Kirche – Was ist unser Auftrag? Mit diesem Buch will der Verfasser noch einmal versuchen, zu verbinden, was zusammengehört: Ein Satz, den besonnene Geister seit Jahrzehnten bemühen, ist: „Der Pietismus braucht die Kirche, und die Kirche braucht den Pietismus."

Bitte fragen Sie in Ihrer Buchhandlung nach diesen Büchern.